誰でもわかるシリーズ

ズバリ社労士

合格から開業まで

泉沢和之
社会保険労務士

労働教育センター

はじめに

この本を手にとっているみなさんは、「社会保険労務士（社労士）」についてどのような印象をおもちだろうか。ある人は、「最近、テレビで年金問題がとり上げられたときに、年金の専門家として意見を述べている社会保険労務士がいたけど、自分もそのあたりに興味があるから、どんな人たちなのか詳しく知りたい」と、お思いだろう。

また、ある人は、「そろそろ会社を辞めて独立して商売を始めたいけど、そのための足がかりとして『資格取得』というのが役に立つそうなので、最近よく耳にする社会保険労務士という資格について調べてみようか」と、考えているかもしれない。

また、もっと直接的に、「自分は会社で仕事中に事故で怪我をしたけど、うやむやに処理されて、なんか損をした気がする。今後このようなことがないように、社会保険労務士という資格をとって、自分や働く人たちに役立つ知識を身につけたい」と、気分が高揚している人もいることだろう。

私は、みなさまが社会保険労務士に関心をおもちになったことは、理由はどうであれ、みなさまの今後の人生にとって、とても意義深く、有益であると自信をもって断言することができる。なぜなら、社会保険労務士という資格は、幅広い分野で役に立つものであり、「人」に関する諸問題が山積みにされている現在の、そして未来の日本社会において、必ず必要とされる資格だからだ。

社会保険労務士は、独占業務をもった国家資格だ。独占業務とは、「この資格をもっている人だけが行うことができると、国家（日本）が定めている業務」のこと。逆に言えば、そのような業務をしたい（扱いたい）と考える会社や人がいれば、それは社会保険労務士以外には頼むことができないわけだ。したがって、社会保険労務士になれば、その業務を生業にして自ら商売をし、もしくは会社のなかでその道の専門家として、確固たる地位を築きあげることができる。

社会保険労務士が扱う分野は「人」に関すること全般だ。そのため、労働力人口の高齢化や、従来の人事制度の歪みが問題になっている社会においては、この資格に対するニーズがますます高まることが予想される。将来性という観点からも、申し分ないと言うことができる。

「ちょ、ちょっと待ってくれよ。自分は社会保険労務士として専門家になるとか、社会保険労務士が社会にどれだけ貢献する資格であるとか、そんなことは分からないよ。ただ、なんとなく興味をもったから手にしただけさ」とお思いの方、驚かせて申し訳ない。

何事もはじめの一歩は、理屈よりも事実が大事。この本には、社会保険労務士に関する、読んで楽しい「事実」がたくさん散りばめられている。社会保険労務士とはどのような資格なのか。資格のとり方や受験対策もふまえて、筆者の実体験や見聞きした話を、事実に即して、現場の興奮を共有してもらえるようなかたちで紹介していこうと思う。

第1章は、「社労士の仕事」。

この章では、社会保険労務士の仕事の範囲を、社会保険労務士法で定められた独占業務とそれに付随した関連業務の双方向から紹介する。比較的新しい国家資格制度である社会保険労務士制度がどのように成立し、制度成立後36年間の歩みはどのようなものであったのか、現在の制度の仕組みはどのように構築されているかを探っていく。

第2章は、「社労士になるには」。

まず、受験状況（受験資格、受験科目、受験者と合格者の傾向など）を概観した後、具体的な本試験の内容を探る。この資格を取得する方法として、資格予備校に通う方法、独学で受験参考書・問題集にアタックする方法など、いくつかのパターンが考えられるので、それぞれについてメリット・デメリットを考えつつ、どのようなタイプの人にどのようなタイプの勉強方法がもっとも有効かを探る。また、合格者の生の体験談も紹介する。

第3章は、「合格後の道」。

資格試験に合格した人であっても、合格後にしなければならない諸手続きについては、あまり情報が入らないため、不安感を覚えることが多い。本章では、社会保険労務士会や関係団体への入会手続き、それに必要なお金、登録するために必要な実務経験について（あわせて、実務経験のない人が登録する場合、参加が必須である実務講習会について）などを、順を追って紹介する。

また、社会保険労務士は他の資格と異なり、開業社会保険労務士、勤務社会保険労務士、その他社会保険労務士という3つのなかからいずれかを選んで登録するというかたちをとるので、その違いについても説明する。

第4章は、「泉沢の社労士開業日記」。

ここでは、私がこれまで扱ってきた社会保険労務士としての仕事を紹介する。涙あり、笑いありのエピソードが満載だ。

第5章は、「合格者は今」。

本章では、開業・勤務と、さまざまな分野で社会保険労務士の資格を活かして人生をエンジョイしている方々に、それぞれの立場から、多種多様な発言をしていただいた。この章をお読みになるだけでも、社会保険労務士の資格の広がりの大きさを、十分味わっていただけると思う。


最後に、この本は、社会保険労務士という資格に興味をおもちの方なら、高校生から、会社勤めを終えて定年後の生活を送っていらっしゃる方々まで、できるだけたくさんの方々に読んで楽しんでいただけるようにとの思いで書きあげた。

また、資格は取得しているけれども、取得してからの日が浅くて、資格を活かしきれていない方々への手引きになるような内容も盛り込んで記してある。

本書が、社会保険労務士という資格へのみなさまの関心を深め、みなさまの一度限りの人生をより有意義なものにするための一助となることを、切に願っている。

誰でもわかるシリーズ
ズバリ！ 社労士 合格から開業まで ● 目次

第2章 社労士になるには

第4章 泉沢の社労士開業日記

日記7　「雇用保険重点指導員」のノルマ……131
日記8　「前払い退職金制度」の導入……137

第5章　合格者は今……145

「してくれる」のを待つのではなく、自らとりくむ……146
及川社会保険労務総合事務所　及川　清子
究極の商品は「自分自身」……154
社労士小林マネジメント事務所　小林　美香
営業職から開業——社労士・行政書士に……161
宮地労務行政事務所　宮地　辰彦
金融機関で年金相談をする……170
信用金庫勤務　佐藤　正一
「退職金制度の変更にとまどう」社員の相談に……175
損害保険会社勤務　前田　淳造

第1章 社労士の仕事

社労士が行う4つの仕事

「社会保険労務士」とは、いったいどのような仕事をするのか。

社会保険労務士法には、以下の業務は、社会保険労務士または社会保険労務士法人のみが、報酬を受けとって業として行うことができるとされていて、一般に「社会保険労務士の独占業務」と呼ばれている（ただし、他の法律に別段の定めがある場合および政令で定める業務に付随して行う場合は、この限りではない）。

① 労働社会保険諸法令に基づいて申請書等（行政機関等に提出する申請書、届出書、報告書、審査請求書、異議申立書、再審査請求書その他の書類）を作成し、提出する手続を代行する業務。

② 労働社会保険諸法令に基づく帳簿書類（その作成に代えて電磁的記録を作成する場合における当該電磁的記録を含み、申請書等を除く）を作成する業務。帳簿書類とは、労働者名簿、出勤簿、賃金台帳など、法律で定められたものをいう。

③　労働社会保険諸法令に基づく申請、届出、報告、審査請求、異議申し立て、再審査請求その他の事項について、またはこれらについて行政機関等がした調査や下した処分に関して、意見を主張したり陳述することを、依頼主に代わって代理する業務。これは「事務代理」と呼ばれ、社会保険労務士の重要な仕事のひとつだ。

なぜなら、事務代理をするとなれば、社会保険労務士は、依頼人の意思決定を代理して行い、いわば、法律上の責任行為を代理することになるからだ。

④　個別労働関係紛争の解決の促進に関する法律で定められた、都道府県労働局が行う紛争調整委員会におけるあっせんにおいて、紛争の当事者を代理する業務。

これは「あっせん代理」と呼ばれていて、昨今の社会情勢からの要請を受けて、さきごろの社会保険労務士法改正で、新しく加わったものだ。「ＡＤＲ（裁判外紛争解決）」という言葉を新聞やニュースで耳にした方もいると思うが、この分野における社会保険労務士の今後のいっそうの活躍が期待されている。

社労士がとり扱う多様な法律

「労働社会保険諸法令」にはどのようなものがあるのかを、参考までに挙げておこう。社会保険労務士がとり扱う法律が、いかにたくさんあるかに、驚く人がいるかもしれないが恐れることは何もない。いくら専門家とはいえ、これだけ多くの法律の全てに精通・理解し、実務上使いこなすことは難しいのが事実だ。

社会保険労務士の仕事とは、「一生続く勉強を飯の種にしている仕事だ」ということもできるだろう。

その他にも、社会保険労務士法では、「事業における労務管理その他の労働に関する事項および労働社会保険諸法令に基づく社会保険に関する事項について相談に応じ、または指導すること」を社会保険労務士が行う業務として定めている。これは、一般に「コンサルティング業務」といわれているもの。資格がなければ行えないものではないが、企業からの需要が高いため、この分野に特化して活躍している社会保険労務士も多数存在する。

労働関係諸法令一覧（一部）

●労働基準法　●労働者災害補償保険法　●職業安定法　●雇用保険法　●労働保険審査官及び労働保険審査会法　●労働福祉事業団法　●職業能力開発促進法　駐留軍関係離職者等臨時措置法　●最低賃金法　●中小企業退職金共済法　炭鉱労働者等の雇用の安定等に関する臨時措置法　国際協定の締結等に伴う漁業離職者に関する臨時措置法　じん肺法　●障害者の雇用の促進等に関する法律　●雇用・能力開発機構法　激甚災害に対処するための特別の財政援助等に関する法律　●労働災害防止団体法　●港湾労働法　●雇用対策法　炭鉱災害による一酸化炭素中毒症に関する特別措置法　労働保険の保険料の徴収等に関する法律　●家内労働法　●勤労者財産形成促進法　●高年齢者等の雇用の安定等に関する法律　沖縄振興開発特別措置法　●労働安全衛生法　●作業環境測定法　●建設労働者の雇用の改善等に関する法律　●賃金の支払の確保等に関する法律　本州四国連絡橋の建設に伴う一般旅客定期航路事業等に関する特別措置法　特定不況業種等関係労働者の雇用の安定に関する特別措置法　●労働者派遣事業の適正な運営の確保及び派遣労働者の就業条件の設備等に関する法律　日本国有鉄道退職希望職員及び日本国有鉄道清算事業団職員の再就職の促進に関する特別措置法　地域雇用開発等促進法　中小企業における労働力の確保及び良好な雇用の機会の創出のための雇用管理の改善の促進に関する法律　●介護労働者の雇用管理の改善等に関する法律　労働時間の短縮の促進に関する臨時措置法　●短時間労働者の雇用管理の改善等に関する法律　●育児休業・介護休業等育児又は家族介護を行う労働者の福祉に関する法律　林業労働力の確保の促進に関する法律　●雇用の分野における男女の平等な機会及び待遇の確保等に関する法律　個別労働関係紛争の解決の促進に関する法律　●健康保険法　●船員保険法　社会保険審査官及び社会保険審査会法　●厚生年金保険法　●国民健康保険法　●国民年金法　●年金福祉事業団法　●石炭鉱業年金基金法　●児童手当法　●老人保健法　●介護保険法　上記に掲げる法律に基づく命令　●行政不服審査法

社労士の二大定例業務

企業が行わなくてはならない労働保険の年度更新と、社会保険の算定基礎届の手続きをサポートすることは、社会保険労務士の二大定例業務ともいわれている。毎年必ず行われる業務であり、この時期は、われわれにとって最も忙しい日々が続く。例えるなら、税理士にとっての決算業務のようなものだろう。

毎年、企業は原則として、5月20日までに「労働保険（労働者災害補償保険・雇用保険）料の当年度の概算保険料、前年度の確定保険料の申告・納付」（年度更新）を、7月10日までに「健康保険・厚生年金保険報酬月額算定基礎届」（算定基礎届）を行わなくてはならない。労災保険や雇用保険、あるいは健康保険や厚生年金保険の被保険者である労働者がいる企業がそれらを行わないことは、通常あり得ない。

それらの作業の基礎となる賃金の定義や保険料の算出はたいへん複雑なので、専門的知識が必要になる。それらが適正に行われていなければ、労働者が会社を辞めた後にもらう雇用保険の失業給付の額が間違ってしまう。

また、健康保険の保険給付の額や、将来の年金額に大きな差が出てきて、受給者が不利益を被るケースもでてくる。そのようなことがないように、これらの事務処理は十分注意して行わなければならない。

また、事業主が申告や届を所定の期限までに行わなかったとき、申告した額に誤りがあったとき、保険料を所定の期限までに納付しないときには、認定決定による追徴金や延滞金が徴収される場合があるので、適正な事務処理が必要だ。

しかし、通常の業務で忙しい企業では、社長や人事担当者がこれらの煩雑な事務処理をやりきれない場合がほとんどだ。このような企業から、社会保険労務士は事務処理を委託されるのだ。

人事に関する日常業務のお手伝い

およそ、従業員を雇わない企業はない。

経営の現場においては、企業が成り立つための重要な3要素は、「ヒト、カネ、モノ」といわれている。社会保険労務士は、このなかの「ヒト」の部分すべてについて、企業が行わなければならないさまざまな日常業務全般に関わり、お手伝いする。

例を挙げてみよう。

新入社員が入社すると、企業は彼を雇用保険・健康保険・厚生年金保険に加入させなければならない。

企業に仕事が比較的少なく、社長自らがそのような手続きを行うことができれば、社長は何枚もの書類を書いて、必要な添付書類を新入社員から預かって、複数の役所を回って、その手続きをさせることができるかもしれない。

また逆に、経営的に余裕のある企業で人事部が独立して存在していれば、そこに所属する社員が、そのような仕事をするだろう。

しかし、普通の中小企業は、そのようなことをしていられない。そんなとき、社会保険労務士は、人事の諸手続きの専門家として、書類作成から提出までを代行する。

ちなみに、上記に記した新入社員の手続きは、人事上の手続きの、ほんの一例であることは言うまでもない。社員が辞めたとき、結婚したとき、住所を変更したとき、出産したとき、病気になったときなど、従業員を雇っていれば、手続きを伴うさまざまなイベントが日々発生し続ける。

これらすべてに関する諸手続きに、社会保険労務士は関わることになる。

時代にマッチした人事・労務管理のアドバイス

少子・高齢時代を迎え、企業は、法律により定年を60歳以上に設定することが義務づけられている。それだけでなく、改正された高年齢者雇用安定法の施行により、２００６年（平成18）４月１日から段階的に、65歳までの定年延長等が義務づけられることとなった。

このような状況のなか、社会保険労務士は法律を守りながら、企業と労働者の双方に無理のない人事制度をつくるための手助けを行う。

また、定年後の生活設計なども今後の重要な課題となってきている。社会保険労務士は、多くの人が定年後の生活の糧とする年金や退職金について、企業と労働者双方のよきアドバイザーであることが求められる。

さらに、女性の職場進出に伴い、女性を戦力として上手に活用することが、企業の業績を上げるための重要な要素となってきている。男女雇用機会均等法でも、そのための具体的な指針が示されている。社会保険労務士は、男性中心になりがちだった日本の企業風土を、女性も働きやすい職場に変えていくために、専門家として企業を支えていかなければならない。

一方、働く人の意識も近年大きく変化し、職務内容や勤務形態も個人ごとに異なった希望をもつようになってきた。従来のような、一律の人事・労務管理で対応できる時代は終わりを告げた。

多くの企業で、就業規則を見直したり、賃金体系を変更したり、変形労働時間制をとりいれたり、より自由で裁量範囲の広い働き方を認めるなど、柔軟な対応が求められている。

社会保険労務士は、新しい時代にマッチした制度を提案し、従来の制度からスムーズに移行するためのお手伝いをするのだ。

企業の実態にあった就業規則をつくる

就業規則は、労働基準法の規定により、法人事業所、個人事業所を問わず常時10人以上の従業員を雇用する場合、事業主に作成が義務づけられている。

職場において、労使双方が守らなければならないことが何かということが、就業規則に定められている。また、労使関係で判断が難しい出来事が生じたときにも、最終的な基準となるのは就業規則だ。

就業規則は、職場での約束事の最終的な拠りどころであり、「職場の憲法」といわれている。

就業規則の内容は、労働基準法をはじめ、関係諸法令に定められた要件を満たしていることが必要だ。また、その作成手続も法定の手続によることが必要だ。

たとえば、就業規則は施行する前に、労働者の代表等に内容を開示して、その意見を求めることが必要だ。一方的に、企業側がつくったものを労働者に提示するだけでは、規則としての効力は発揮できない。また、当然のことだが、企業の数だけ職場環境の違いがあるわけなので、就業規則は個々の企業の実状にあったものをつくることが重要だ。どんな企業にでも当てはまる就業規則というものは存在しない。

しかし、事業主のなかには、従業員が10人を超えたので、市販の就業規則でまにあわせようとする人もいる。就業規則をこのようにつくってしまうと、事業場の実際と大きくなくいちがいがでて、従業員との争いが生じたり、労働基準監督署から注意されたりすることにもなる。

就業規則は、労働条件や雇用管理に関する法令が次々と制定あるいは改定されるのに適合させることが求められるので、常に見直すことが必要だ。

また、助成金を申請しようとする場合には、就業規則の添付が要求されることが多い。その場合、常時雇用する従業員の数が10人未満の企業であっても、就業規則が作成されていないと助成金の申請が行えないので、その作成が必要となる。

社会保険労務士は労働基準法等の関係法令はもとより、主要労働判例、解釈等に精通しているので、依頼に応じて、企業の実体にあった就業規則の作成を行うための手助けをする。

快適な職場環境をつくるための安全衛生管理

労働災害の防止は、重要な福祉対策の一環だ。従業員の安全管理を確保し、彼らの健康の保持増進を図るための施策を講じるのは、人を雇う企業の重要な責務である。

労働災害を防止し、従業員への安全衛生教育等を通じ、快適な職場環境をつくるため、社会保険労務士は、企業からの依頼に応じて、さまざまな指導を行う。その具体的な方法として、以下のようなものが挙げられる。

・安全衛生計画の策定
・安全衛生管理体制の確立
・安全衛生教育の実施
・安全衛生を周知する運動の実施と指導
・メンタルヘルスケア

年金について適切なアドバイス

最近、年金問題がマスコミでクローズアップされる機会が増えた。それにしたがって、今まであまり年金に関心をもたなかった人たちまでが、自分の年金はどうなるのだろうと深い関心を寄せるようになってきた。

今後の少子・高齢時代において、年金は、老後の生活にとってたいへん大きな比重を占めてくる。年金を受給できるか否か、また、受給できる年金の額がどのくらいになるかで、老後の生活設計が大きく左右されるといっても過言ではないだろう。

しかし、現在の年金制度は、将来の長寿社会や、長期的な出生率の低下傾向への対応のために、何度も改正が行われてきた。そのため、新旧の制度が同時並行して存立していることから、一般の人にはわかりにくい。

その結果、制度が変更されたのに気がつかず、所定の手続を怠ったり、また、被保険者であった期間が短かったため、年金は受給できないと自分で思い込み、その後、所定の手続をしないまま、年金の受給権を喪失してしまうなどのケースが多くある。さらに、年金額の基礎となる保険料の算定方法を誤り、年金を受給するとき、自分の予測した額より少ないケースもよくある。

このように、身近ながら、一般の人にはなかなか理解するのが難しい年金についての相談を受け、適切なアドバイスをするのも、社会保険労務士の仕事。

社会全体の年金問題への関心の深まりと広がりに応じて、金融機関や郵便局、商工会議所等の機関で、年金相談会を実施するところも増えてきた。そのような場で、多くの社会保険労務士が相談員として活躍している。

前身は「労務管理士」と「社会保険士」

社会保険労務士法は、1968（昭和43）年に公布・施行された。それから、40年ほどの年月が経過したことになる。

社会保険労務士法制定の以前にも、人事労務のコンサルタントや社会保険の諸手続きを代行する職業は成立していた。しかし、それらの職業はさまざまな団体に分かれていて、統一された職業としてのまとまりはなかった。

それらの団体は、大きく2つの方向に分かれていた。

ひとつは、「労務管理士」の系統だ。労務管理士とは、中小企業の労務管理全般について助言し、いわゆる「労務コンサルタント」として労務管理の代行業務を司っていた人々の名称だ。当時、多くの中小企業では、労働・社会保険の法令の普及が十分でないことが多く、事務手続きについても、処理する能力に欠けていることもしばしばだった。

そのようななか、「労務管理の近代化」が叫ばれ、中小企業の労務担当の外部コンサルタントとしてその一翼を担ったのが、労務管理士と呼ばれる人たちだった。

ところが、労務管理士の活躍の場が大きくなるのと比例するように、個人個人の資質に大きな開きがでるなど、さまざまな問題点が目につくようになった。

労務コンサルタントとして適切な活動を行い、企業や社会に貢献する人々がいた反面、企業から預かった保険料を使いこむ者、法外な報酬を要求する者、労使トラブルをあおって不当な利益を得ようとする者などが現れ、社会問題化し始めたのだ。

また、労働・社会保険の事務手続きを代行するにあたっては、行政書士の職域であった労働・社会保険関係書類の作成および役所への提出代行を行ってしまうことになり、行政書士の法的独占業務の侵害にあたるのではないかとの批判も聞かれるようになった。

「労務管理士」とは別のもうひとつの系統として「社会保険士」の系統があった。社会保険士は、社会保険庁首脳が設立を示唆するなど、全国的に統一された公的性格の強い称号だった。１９６４（昭和39）年、「社団法人東京社会保険士協会」として正式に発足した。設立目的は、「社会保険業務の円滑な運営に資するため、権威ある専門家を育成し、前記要望にこたえるほか、常に各種社会保険制度の普及と発達に必要な業務を行う」とされていた。

議員立法で成立した「社会保険労務士法」

自然発生的に生まれた「労務管理士」と、行政のバックアップを背景として生まれた「社会保険士」だが、その業務内容に重なるところが多いのは、一見して明らかだ。

また、制度の混在・複雑化により利用者の利便性が損なわれているのみならず、中小企業の近代化、労務改善の急務が社会的要請として成熟化しつつあり、時代は新たな統一的な法的資格の創設を求めていた。

さまざまな調整作業、関係機関どうしでの長い間の折衝を経て、ついに1968（昭和43）年、「社会保険労務士法」が公布・施行された。注目すべきは、この法は行政官庁の立案による内閣提案の形式をとらず、議員立法によって成立したということだ。

議員立法とは、議員が発議して行う立法。衆議院では議員20人以上、参議院では議員10人以上の賛成がないと提案することができない。

近年、議員の重要な仕事として、議員立法の提出がクローズアップされる傾向にあるが、法案の成立数をみると、議員立法の法案は内閣提案の法案のおおむね10分の1にすぎない。つまり、議員立法による法案成立は圧倒的に少数であるということだ。

いずれにしても、議員立法として成立した「社会保険労務士法」だが、これが現在に至るまで、社会保険労務士法を時代にあわせて改正する作業をする際に、ある種の努力を伴わせる理由になっている。

つまり、議員立法によって成立した法律は、行政からの手厚いアフターケア・メンテナンスを期待できない。そのため、最初に法律が成立したときと同様、各政党や関係議員に陳情・要請をくりかえし、再び改正法案を議員立法のかたちで提出してもらうという作業が必要となるからだ。

このため、社会保険労務士会はその別組織として、「社会保険労務士政治連盟」という組織をもっている。同連盟は、社会保険労務士会全体の意見が少しでも政治の場に反映され、また、ゆるぎのない社会保険労務士制度の確立をめざして政治活動を行っている。ただし、社会保険労務士会は本来特定の政治団体とかかわりをもつべきではないのではという意見もあり、現実には、加入していない社会保険労務士もいる。

改正また改正の社会保険労務士法

社会保険労務士法は成立以降、いくつかの重大な改正が行われてきた。

・1986（昭和61）年——事務代理権付与

それまでは、社会保険労務士が労働社会保険諸法令に基づく申請等を行うにあたっては、「代行」権しか認められていなかったが、本改正により、「代理」権が認められた。

・1998（平成10）年——審査請求代理権付与

労働基準監督署長・社会保険事務所長の決定した処分が請求者にとって不満な場合には、裁判所に訴える前の段階で、異議申立・審査請求・再審査請求を行うことができる。従来、社会保険労務士は、依頼者に代わってこれらを代理することができなかったが、本改正により代理権が付与された。

・2000（平成12）年——社会保険労務士試験事務を連合会へ委嘱

従来、社会保険労務士試験事務は国が行っていたが、政府の規制緩和推進計画の一環として、全国社会保険労務士会連合会に試験実施の事務の一部（合格の決定に関する事務を除く）を委託することになった。

・2003（平成15）年——社会保険労務士法人発足、ADR（裁判外紛争解決手続）のあっせん代理権付与

従来、社会保険労務士事務所の形態は個人事業所に限られ、法人化は認められていなかったが、本改正によって法人設立が認められることとなった。

また、ADRのあっせん代理権付与とは、都道府県労働局長が行うあっせんの代理権が社会保険労務士に認められたということ。

これは労働基準法等に明確に違反する案件（＝労働争議）以外で、事業主と従業員が紛争状態にある場合、都道府県の総合労働相談所であっせんの申請をし、都道府県労働局長が認めれば、あっせんが開始されるという制度だ。社会保険労務士は、事業主の代理人となることも、従業員の代理人ともなることもできる。

・2006（平成18）年——労働争議への社会保険労務士の不介入規定の削除

従来、労働争議には社会保険労務士は介入することができなかったが、不介入規定が削除され、介入することができるようになった。

・２００７（平成19）年——ＡＤＲの代理業務の範囲の拡大

２００３年に認められた、個別労働関係紛争解決促進法に基づき都道府県労働局が行うあっせんの手続の代理業務に加え、新たに次の３つの代理業務が追加された。

①　個別労働関係紛争について都道府県労働委員会が行うあっせんの手続の代理

②　男女雇用機会均等法に基づき都道府県労働局が行う調停の手続の代理

③　個別労働関係紛争について厚生労働大臣が指定する団体が行うＡＤＲの代理（紛争価額が60万円を超える事件は弁護士の共同受任が必要）

なお、上記の代理業務には、依頼者の紛争の相手方との和解のための交渉および和解契約の締結の代理を含むものとされている。

第2章 社労士になるには

学歴・職歴・その他の国家試験による受験資格

社会保険労務士試験の受験資格には、以下の3とおりがある。

学歴によるもの

・学校教育法による大学、短期大学、高等専門学校を卒業した者

・上記の大学（短期大学を除く）において62単位以上を修得した者

・旧高等学校令による高等学校高等科、旧大学令による大学予科または旧専門学校令による専門学校を卒業し、または修了した者

・前記に掲げる学校等以外で、厚生労働大臣が認めた学校等を卒業し、または所定の課程を修了した者

・修業年限が2年以上で、かつ、課程の修了に必要な総授業時間数が1700時間以上の専修学校の専門課程を修了した者

・全国社会保険労務士会連合会において、個別の受験資格審査により、学校教育法に定め

る短期大学を卒業した者と同等以上の学力があると認められる者

職歴によるもの

・労働社会保険諸法令の規定に基づいて設立された法人の役員（非常勤の者を除く）または従業者として、同法令の実施事務に従事した期間が通算して3年以上になる者

・国または地方公共団体の公務員として行政事務に従事した期間、および特定独立行政法人、特定地方独立行政法人または日本郵政公社の役員または職員として行政事務に相当する事務に従事した期間が、通算して3年以上になる者

・社会保険労務士もしくは社会保険労務士法人、または弁護士もしくは弁護士法人の業務の補助に従事した期間が、通算して3年以上になる者

・労働組合の役員として労働組合の業務に専ら従事（いわゆる「専従」）した期間が通算して3年以上になる者、または会社その他の法人（法人でない社団または財団を含み、労働組合を除く。以下「法人等」）の役員として労務を担当した期間が通算して3年以上になる者

・労働組合の職員または法人等もしくは事業を営む個人の従業者として、労働社会保険諸法令に関する事務（ただし、このうち特別な判断を要しない単純な事務は除く）に従事した期間が通算

して3年以上になる者

その他の国家試験によるもの

・社会保険労務士試験以外の国家試験のうち厚生労働大臣が認めた国家試験に合格した者
・司法試験第一次試験または高等試験予備試験に合格した者
・行政書士となる資格を有する者

必勝!!

試験は8月下旬の日曜日

社会保険労務士試験の実施要綱は、4月中旬の官報で公示され、その後、社会保険労務士試験センターから願書が配布される。

願書の受付・受験料（平成18年度実施試験では9000円）の払い込みは、5月中旬～5月下旬が締め切りになっていて、この期間外は、原則として受けつけてもらえない。

試験は、毎年1回、8月下旬の日曜日に実施される。ちなみに、第38回試験は、平成18年8月27日（日）に全国19都道府県の会場（北海道、宮城県、群馬県、埼玉県、千葉県、東京都、神奈川県、石川県、静岡県、愛知県、京都府、大阪府、兵庫県、岡山県、広島県、香川県、福岡県、熊本県、沖縄県）で実施された。

合格者の発表は、11月中旬の官報で公告される。その他にも、社会保険労務士会県会事務局等に、合格者の番号が張り出されるなどの措置が行われているようだが、近年は、試験センターのホームページで合格者の番号が公表されるようになった。

また、官報公告の数日後には、受験者全員に、合否と、試験結果の点数が記載された書類が届く。

●受験に関する問い合わせ

社会保険労務士試験センター
〒103－8347
東京都中央区日本橋本石町3－2－12　社会保険労務士会館5階
TEL0120－17－4864（携帯電話・PHSからはかからない）
〔電話受付時間：月曜日～金曜日9：30～17：30（祝日を除く）〕
FAX03－6225－4883（必ず連絡先を明記のこと）

合格者の3分の2は20〜30歳代

第38回（平成18年度）試験では、受験申込者数は5万9839人（前年6万1251人、対前年2・3％減）で、そのうち実際に受験したのは4万6016人（前年4万8120人、対前年4・4％減）。合格者数は3925人（前年4286人）で、合格率は8・5％（前年8・9％）だった。

合格者の傾向を探ってみよう。（以下の3つのグラフは、社会保険労務士試験センターホームページからの引用）

以前は、社会保険労務士試験は、どちらかと言えば年齢の高い、企業で人事・総務を長く経験した人が、そのキャリアを活かして試験にチャレンジし、合格するというのが一般的だった。

ところが近年、社会保険労務士の業務分野と直接関係ない方々からの関心が高まり、また、試験で扱われる事項の複雑化、要求される暗記量の増大などの理由から、若年層の合格率が高まる傾向にある。結果、20歳代から30歳代の合格者割合を合わせると、実に全体の3分の2に及んでいる。

■ 合格者の年齢階層別割合

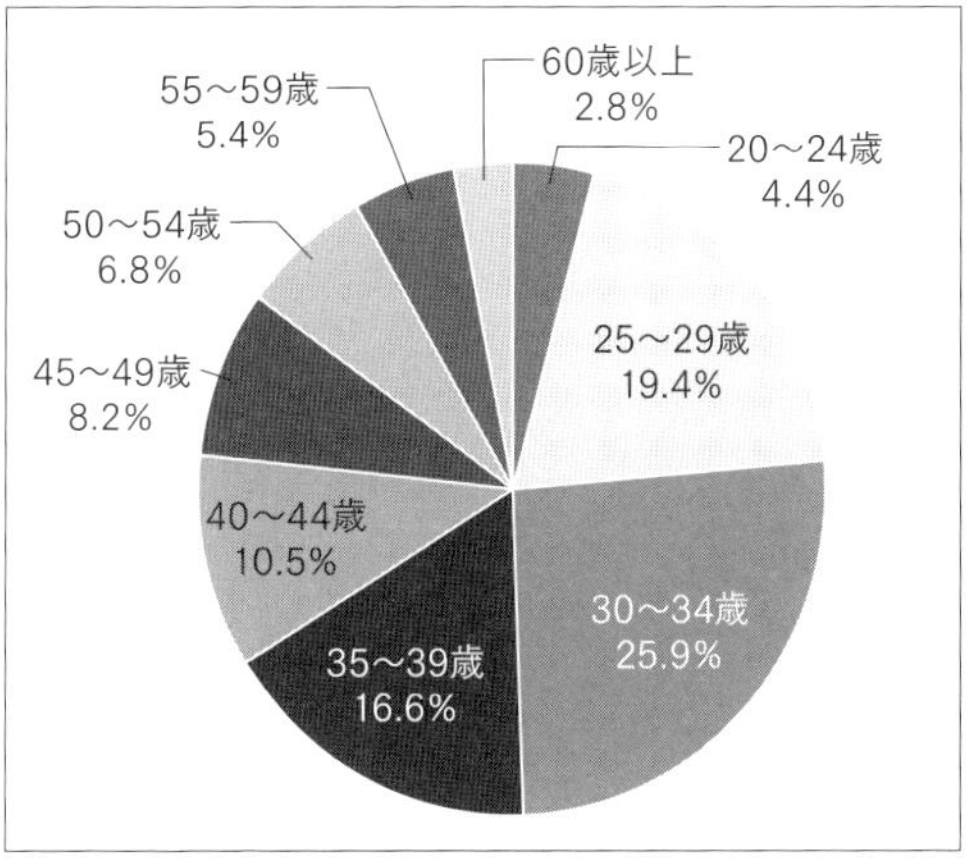

6割以上の人が仕事をしながら合格

近年、試験勉強に専念できる無職の方の割合が高まってきてはいるが、それでも、全体の6割以上の方が、何らかの仕事をしながら合格を勝ちとっている。

効率的な学習方法を身につければ、さまざまなライフスタイルの人に合格のチャンスがある試験だ。

■ 合格者の職業別割合

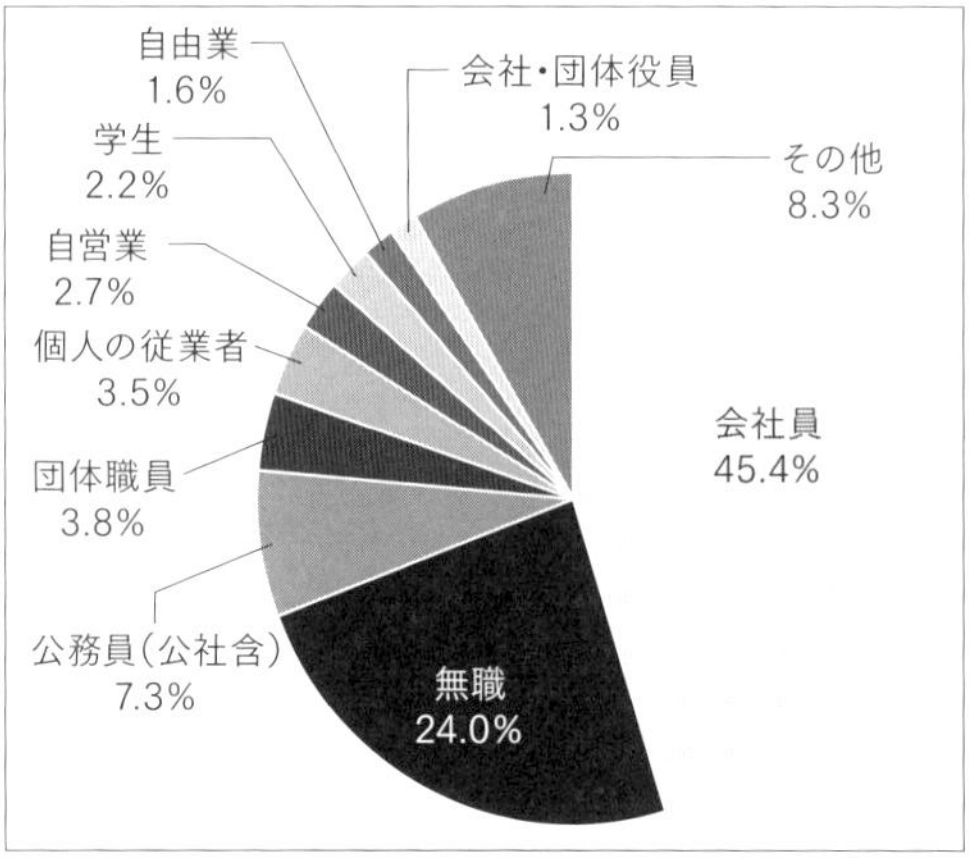

高い女性合格者の割合

■ 合格者の男女別割合

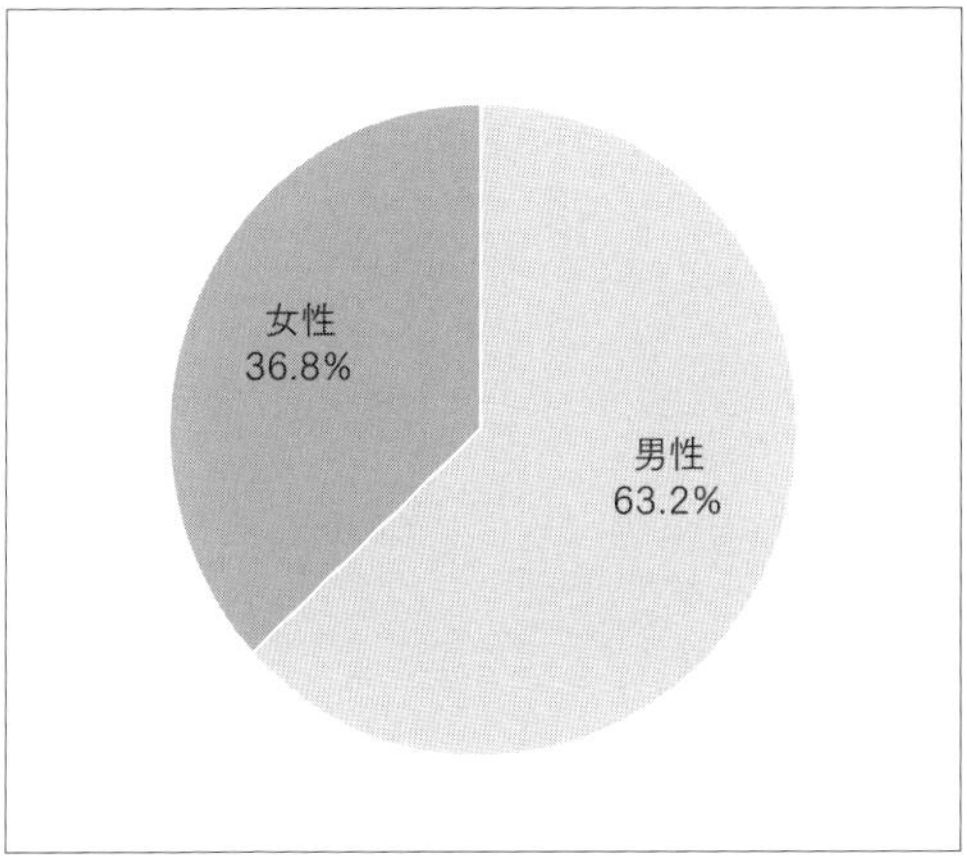

他の法律系資格試験と比較して、女性合格者の割合が高いのも、社会保険労務士試験の特徴のひとつだ。その理由として、年金という生活の身近な問題への関心・知識が、試験への合格に直結することが挙げられる。

また、社会保険労務士は「人」に関するありとあらゆる場面での出来事を扱う仕事なので、男性ではなく、女性の方が扱いやすい分野も当然ある。

たとえば、私の知りあいのある女性の社会保険労務士は、最近注目を集めている企業へのセクシュアルハラスメント防止コンサルティングを、多くの企業を対象に手がけている。企業からは、男性だけの視点では見落としがちな労務管理の問題点を的確に指摘してくれるとして、評価されているようだ。

これからも、社会からの要請とあいまって、女性の社会保険労務士合格者は増えつづけるにちがいない。

本試験は選択式と択一式

選択式試験とは、科目ごとに、ところどころ穴の空いた文章が出題されて、穴の部分に、選択肢のなかから当てはまるものを入れさせるというもの。科目ごとに、5つの穴と20個の選択肢が指定されている。

択一式試験とは、1つの問題ごとに5つの文章が提示されて、そのなかで正しいもの、もしくは間違ったものを1つ選ばせるというものだ。

試験科目は、選択式は以下の8問になる。

・労働基準法および労働安全衛生法――1問
・労働者災害補償保険法
・雇用保険法
・労働保険の保険料の徴収に関する法律
（以上3つ）このなかから2問

・健康保険法
・厚生年金保険法
・国民年金法
・労務管理その他の労働に関する一般常識
・社会保険に関する一般常識

各1問ずつ

また、択一式は、以下の70問となる。

・労働基準法
・労働安全衛生法

合わせて10問（通常、労働基準法7問、労働安全衛生法3問）

・労働者災害補償保険法
・労働保険の保険料の徴収に関する法律

合わせて10問（労働者災害補償保険法7問〜10問、労働保険の保険料の徴収に関する法律0問〜3問）

・雇用保険法
・労働保険の保険料の徴収に関する法律

合わせて10問（雇用保険法7問〜10問、労働保険の保険料の徴収に関する法律0問〜3問）

・健康保険法――――――――――10問
・厚生年金保険法――――――――10問
・国民年金法―――――――――――10問
・労務管理その他の労働に関する一般常識――5問
・社会保険に関する一般常識――――――5問

■ 社労士試験スケジュール

2006（平成18）年度の試験の場合

	選択式試験	択一式試験
集合	10：00	12：50
試験時間	10：30　～　11：50 （80分）	13：10　～　16：40 （210分）

合格率8%程度の「相対評価」試験

社会保険労務士試験は、近年、合格基準と配点が公表されるようになった。これにより、受験生は、合格基準についてのデマ等に悩まされることはなくなった。

第38回（平成18年度）本試験では、以下のような発表がされた。

合格基準

本年度の合格基準は、次の2つの条件を満たした者を合格とする。

① 選択式試験は、総得点22点以上かつ各科目3点以上（ただし、労働基準法および労働安全衛生法・労災保険法・雇用保険法・社保一般常識・厚生年金保険法は2点以上）である者

② 択一式試験は、総得点41点以上かつ各科目4点以上（ただし労働基準法および安全衛生法・労働社保一般常識は3点以上）である者

配点

① 選択式試験は、各問1点とし、1科目5点満点、合計40点満点とする。
② 択一式試験は、各問1点とし、1科目10点満点、合計70点満点とする。

これを見ると分かるように、まず、選択式・択一式ともに、総得点で何点以上とり、かつ、科目ごとの最低点が何点以上なら合格だという基準が決められる。さらに、受験生の得点が低い科目については、合格最低点が他の科目よりも低く設定され、それ以上ならOKとなる。

科目ごとの合格最低点は「足きりライン」と言われている。いくら総得点が高くても、1科目でも足きりラインを割ると不合格となるので、社会保険労務士試験においては、苦手科目をつくらず、まんべんなく得点をとることができる受験対策が求められる。

なお、社会保険労務士試験は、何点以上とれば絶対受かるという「絶対評価」の試験ではない。受験生のうち何パーセントを合格させるためには合格点を何点以上に設定すればいいかという視点から合格基準が決定される「相対評価」の試験だ。

ここ数年、受験者数の8パーセント程度の合格率が設定されており、この傾向は今後も続くものと予想される。

疑問点を残さない「通学講座」での受験勉強

通学講座を利用するメリットは、次の3点だ。

① 疑問点がでても、時間をおかず、その場で講師に質問することができ、あやふやな部分を残さないで学習が進められる。

よい講師であれば、受験生がつまずきやすいポイントを熟知しているので、最初から疑問点を生じさせないような講義を展開し、仮に疑問点が生じた受験生に対しても、適切なアドバイスを授けることができる。

② 通学講座にいったん通い始めれば、学習の進行度合いはその講座にあわせて進めていくことになるので、講座に追いつくために、とにかく勉強を継続させていく習慣が身につきやすい。

通学講座は、半ば強制的に、一般受験生にとって理想的とされる進度に各個人をあわせながら進んでいくので、強力なペースメーカーとしての役割を果たすだろう。

③ 通学講座には、予備校が作成した独自の教材（テキスト、問題集、模擬試験問題等）が添付されるケースが多い。これらは、一般書店では通常販売されない。（教材の良し悪しも予備校選びのポイントの一つ）

一方、デメリットは、次の3点だ。

① 最大のデメリットは、通学には費用も時間も体力も必要だということ。費用は、予備校によって違うが、年間を通じて必要な講義・演習がパックになっている講座を選択すると、20万円ほどの予算が必要になる。

また、予備校への行き帰りにかかる費用や、時間的ロスも否定できない。社会人の場合は、土曜日や日曜日に一日通しの講義を受けることになるが、慣れるまでは体力的な消耗や精神的な疲労感を覚える人もいる。

② 仕事や生活のリズムが一定していない受験生にとっては、通学講座は諸刃の剣だ。ペースメーカーとして、不規則なリズムを矯正してくれる効果もあるが、反面、講座に振り回され、仕事・生活と受験のどちらも中途半端になってしまう恐れもある。

③ ある種の受験生は、講座にただ通うだけで勉強をしていると錯覚してしまい、予習・復習での知識の定着・応用力の強化が疎かになってしまう危険性もある。

生の音声・映像で学べる「通信講座」での受験勉強

通信講座を利用するメリットは、次の3点だ。

① 通学講座ほどの臨場感はないにしろ、通学講座の講義の生の音声や映像が定期的に届けられるので、文字だけでは印象づけられないポイントの把握が容易になる。最近は、ビデオ映像やインターネット上で講義の動画を見ることができるカリキュラムが増えてきた。講師の表情がつぶさに感じとれる映像によって、学習効果は大きくなる。

② カセットテープ・ビデオ等の送付によって学習進度を予備校によって管理してもらえるので、受験生にとっては、ペースメーカーとしても活用できる。また、手元に一連の講義内容がすべて送られてくるので、少々の学習進度の誤差があっても、調整が容易だ。

③ 必要な学習教材がパッケージとして配布されるので、受験生は教材選びに悩む必要が

なく、学習そのものに専念できる。
一方、デメリットは次の3点だ。
①　疑問点が生じたら、その場で講師に質問して、疑問の先延ばしをしないですむという、学習を進めるうえでの速度アップ効果が通信講座の場合はない。
予備校によっては、質問用紙が同封されていたり、電話による質問を受けつけているところもあるが、タイムラグが大きかったり、講師と顔を突きあわせながらする質問に比べて、微妙なニュアンスを伝えるのが難しかったりする。
②　通学講座よりは、自分のペースにあわせた利用が容易だが、一度ペースを乱すと、テープがどんどん積み重なっていくことになり、収拾がつかなくなる。学習進度を守りとおす強い精神力が要求される。
③　通学講座と同様、費用はけっこうかかる。カセットテープ・CDといった音声のみを送ってくる講座だと、通学講座より安いのが普通だが、ビデオ等で映像まで送ってくる講座の場合、通学講座よりも費用がかさむケースもある。

費用が格安な「独学」での受験勉強

独学で学習するメリットは、次の2点だ。

① これまで紹介した2とおりの学習方法と比べて、要する費用は格段に安くなる。学習を始めるにあたって必要なものは、書籍類だけだ。さしあたって、基本参考書（できるだけコンパクトにまとまったもの）と過去問題集（択一式の過去問が一問一答形式で収録されているものがよい）があれば、誰でも学習を始められる。

基本参考書が読みこなせない人は、毎月発行される受験雑誌を定期的に購入したり、あるいは、分冊化された参考書を参照するといいだろう。それでも、予備校の講座パックで払い込むお金の10分の1程度の費用ですむはずだ。

② 自分のペースで強弱をつけた学習を望む人にとっては、一般受験生のペースに引きずられがちな予備校講座に無理に進度をあわせるよりも、独学の方がふさわしい場合がある。

また、通学講座の場合に見受けられるように、必要以上の人間関係ができることで、それに振り回されるという面倒な事態は起こらない。

一方、デメリットは次の3点だ。

①初学者にとっては、参考書をただ読むだけでは内容の理解すらできない人が多いのではないだろうか。社会保険労務士試験で扱う法律は特別法で、読み方のコツがわからないと、非常にとっつきづらい。理解するためのヒントを与えてくれたり、そのための道筋を教えてくれる人がいない独学者は、労働基準法(通常、受験参考書の第1章に載っている)で挫折する危険性が、極めて高いそうだ。

②社会保険労務士試験の膨大な出題範囲を、1つ1つ、自らの意思だけで学習しつづけるのは、非常に根気のいる作業だ(ただし、市販の月刊受験雑誌のみをペースメーカーに、たゆまぬ努力を重ねるツワモノ受験生も、いないわけではない)。

③本人の努力の成果で、ひととおりの受験範囲をこなすことができたとしても、本試験で実力を発揮できるかどうかはまた別の話だ。どうしても、「試験慣れ」が必要となってくる。予備校での答案作成練習会や模擬試験などを受けて、場慣れしておく必要があるだろう。

合格体験記

重要なのは「基本的な問題を必ず正解させる力」

田所社会保険労務士事務所
田所　将士

きっかけはある人の話

私が社会保険労務士（以下、社労士）という資格を意識したのは、23歳で定職に就かず（就けず）フリーターだった10数年前に、ある人の話を聞いたのがきっかけだった。

「これからは社会保障や会社内の人事・労務の知識をもっていないとダメだよ」「資格は社会に出てからの武器になるよ」という内容だった。

後日、資格取得関連の本を買って読んでいたところ、社労士の業務内容がその人の話と一致していたので、この資格取得をめざしてみようと思っていた。

しかし、当時の私は、高校・大学入試、就職試験と「試験」と名のつくものはほとんど失敗しつづけ、社労士の試験を受ける勇気もなかった。その後、職に就いてからは、私の夢として頭にとどめておく程度だった。

就職してからは仕事の忙しさや家庭の事情等を言い訳に、本格的な社労士試験の学習をなかなか始められずにいた。しかし、派遣会社に転職し、総務や労務管理の業務に携わって、社労士業務の重要性や必要性をさらに強く感じた。そこで、社労士の試験勉強を始めるよい時期と環境だと思った。このチャンスを見逃しては「私の夢＝社労士」がまた遠のくのではと、一念発起して試験勉強を開始した。

そんな紆余曲折を経て２００４（平成16）年、長年の夢であった社労士試験に合格できた。

1年目は偏ったインプット学習法で失敗

本格的に試験勉強を始めた時期は２００２（平成14）年11月。大手予備校の夜間通学コースを受講することから始めた。

今まで、短期間とはいえ多少は独学で勉強していた時期もあったので、予備校の授業は新鮮に感じられた。授業内容も理解できたのだが、「授業を受ける＝知識が定着した」と思い込んでしまい、まったくといっていいほど復習をしていなかった。

また、勉強時間をうまく使えなかった。その点も失敗だった。

社会人なので仕事を優先する。そうすると計画どおりに勉強時間がとれなくなり、「今週はこの科目を終わらせるはずだったのに」と気持ちばかりが焦った。

「あの項目もまだ終わっていない」「この項目は今日中に終わらせたい」と、貴重な時間を集中できずに終わっていた。

集中しなければ、記憶力も理解力も落ちた。2〜3日後には、せっかく勉強した内容が非常に曖昧なものになっていた、ということがよくあった。

最大の失敗は、偏ったインプット学習方法だった。

問題集を解いていると、「この条文や通達は勉強していない」「この法律内容を忘れている」などなどと考えてしまい、自分自身に不要なプレッシャーをかけた。そして、「この知識量で合格できるのか」と不安になってしまい、とにもかくにもインプット学習ばかりしていた。

それも、いちばん重要で基本的な知識を疎かにして、ある意味、マニアックな規則や通達を必死に勉強していた。

確かに、ある程度の知識は得られた。しかし、本試験の問題は法律を正面からとらえた問題ばかりではなく、その法律を斜めからみて解釈するような設問だったり、2つの法律をくみあわせた設問だったりする。問題を解く力が必要だと理解していなかった。

結果は不合格。選択式は合格ラインを超えたものの、択一式は惨敗だった。

2年目は意識改革し、細切れ時間を活用

2年目は予備校に行く負担を軽くするため、通年コースではなく、単発の特別講座を受講した（法改正講座、年金特訓講座等々）。ただし、授業が終わったら必ず復習をすることにした。帰宅して復習する時間がどうしてもない場合は、翌日の（24時間以内）通勤時間や仕事の合間に、10分でも気持ちを集中して参考書の読み返しをしたり、問題集を解いたりした。当時、自宅には私の部屋がなかったので、帰宅後はベッドに寝ながら、復習や勉強をしていた。また、トイレの中でも食事中にでも、勉強をした。

勉強時間のつくり方は、人それぞれ環境によって千差万別だろうが、勉強時間をまとめてとれないのが社会人のいちばんのネックになる。

私は細切れ時間を活用した。1年目は、「そんな10分や20分でなにを覚え、理解できる

の？」と考えていたが、問題集なら2〜4問解けるはずだし、参考書なら1〜3ページ分理解できるはず。それが1日に何回もあれば、思った以上の学習時間となるはずだ。また、短時間ならではの集中力が身につく、というメリットがあった。

集中して勉強したことで、覚えたことの上滑りがなくなり、よかったと思っている。この集中力（学習の質）が重要だと思う。

学習計画は余裕をもって、いつでも修正できる状態にした。1ヵ月単位の中期計画と1週間単位の短期計画を併用し、予備日を設けて、修正可能な状態にしておいた。なにせ、1年目はその学習計画の余裕のなさで自分の首を絞めていたので。

アウトプットに時間を費やす学習方法

私の学習方法は、次の3点だった。

① 参考書の重要項目、出題頻度の高い項目を重点的に理解し、覚えていく。

私が使用していた参考書は、文字の色分けや強調文字を使っていたので、ポイントが絞り込みやすく、出題頻度のマークもあって、使い勝手がよかった。

② 知識の定着と理解力の向上に横断学習をする。

私は暗記が大の苦手。ゴロあわせもあまり好きではない。ただし、何か関連づけをしていけば多少は楽に覚えられる。横断学習では、各法律、各項目を関連づけして学習することによって、知識が定着し、理解がしやすくなる。

私の場合は、特に各種年金の「遺族の範囲」、各法の「給付日数」「不服申し立て」の理解と定着に効果があった。

③　アウトプットに多くの時間を費やす。

過去問題集、予備校の答案練習会、模擬試験問題と、時間の許す限りくりかえし解いていた。問題を解き終わったら、間違えた設問はもちろんのこと、正解だった設問でも、なぜこの選択肢は○だったのか、または×だったのかを必ず理解し、曖昧な知識を正確な知識に変える努力をした。

解説のページにはポイントや注釈をつけ、サブノート化する方法をとった。応用的な知識は、問題を解きながら覚えるようにしていた。

模擬試験については、「模擬試験の点数にこだわらない！」と心に言いきかせた。得点の良し悪しで一喜一憂するだけで終わってしまっては何にもならない。模擬試験はあくまでも自分の弱点を探しだし、今後の学習で弱点を克服していくための手段と決めていた。

社労士試験は午前、午後と長い時間をかけて問題と格闘しなければならない。その集中力の養成と雰囲気に慣れる行為とわりきっていた。

本試験で最高の結果をだせればいいのだから。

試験前は生活習慣を朝型に

本試験を終え、復元解答等の解説をチェックしていて思ったのは、「基本的な問題を必ず正解させる力が重要だ」ということ。

難問・奇問といわれるのは設問中2割程度。あとは基本事項をしっかりと押えたうえで、過去問題等を多く解くことによって身につく応用力で得点できる設問が多い。それを得点できれば、合格圏内には十分入れる。

本試験で私の気がついたことを何点か伝えたい。

・本試験前は十分に睡眠時間をとって、万全な体調で挑むこと。

私は、1回目の本試験のとき、緊張のあまりなかなか寝つかれず、睡眠不足のまま試験を受けてしまった。本試験の何日か前からは、生活習慣を朝型に変えておくとよいだろう。

・昼食は消化がよいものをとり、あまり多くは食べない。

・空調の調整をしてもらえない会場が多いので、薄手の上着を持参したほうがいいかもしれない。
・午前中の試験の出来を気にしないこと。昼食時に、午前中の選択問題について、周りからいろいろな情報が耳に入ってくる場合があるが、終わってしまったことだ。午後の択一式のために、雑念を払っておこう。

今回、合格できたのは、当時、在籍していた会社の皆さんと家族の協力のおかげだ。会社は私のわがままを快くきいてくれ、夏の忙しい時期に有給休暇と特別休暇を与えてくれた。家族は私が自宅で勉強できる環境を整えてくれた。ほんとうに感謝している。

現在は、田所社労士事務所を2005(平成17)年1月に開設し、忙しくも充実した日々を過ごしている。

これから社労士試験を受ける方、または、これから勉強をスタートする方、試験勉強は苦しいことの連続だと思うが、この勉強で得られた知識は無駄にはならない。結果はおのずとついてくる。最後まで諦めず、頑張ってほしい。

第3章　合格後の道

合格後は社労士会へ登録し、入会する

まず、合格後、社会保険労務士となるまでの一連の流れを、概観してみよう。

試験に合格した人は、各都道府県の社会保険労務士会をとおして全国社会保険労務士会連合会の名簿に登録する（登録番号が発行される）。その後、社会保険労務士証票（図1）が交付されてはじめて社会保険労務士を名のることができる。

登録と同時に、各都道府県の社会保険労務士会に入会することが必要だ。

どこの都道府県の社会保険労務士会に登録・所属するかは、次の3項目に照らしあわせて決定される。

①「開業社会保険労務士」として登録する人は、その開設する事務所の住所地がある都道府県会に入会・所属

②「勤務社会保険労務士」として登録する人は、その勤務する事業所の住所地がある都道府県会に入会・所属

③「それ以外の登録」をする人（一般に、「その他社会保険労務士」）は、その人の住民票の住所地がある都道府県会に入会・所属

また、都道府県社会保険労務士会は、必要に応じて、その下部組織である支部をつくることができるとされている。ちなみに、私が所属する千葉県社会保険労務士会は、県会に入会すると同時に、支部にも入会することとする旨の定めを明記している。都道府県会だけでは、社会保険労務士の地域的な活動を実質上フォローしきれないのが現実なので、全国的に、大部分の地域で支部組織が運営されているようだ。

ところで、登録のためには、労働・社会保険諸法令に関する実務経験が2年以上必要であるとされている。実務経験がない場合は、全国社会保険労務士会連合会が実施する事務指定講習を修了することで、実務経験があるものとして認められる。登録・入会の手続きは各都道府県社会保険労務士会で行い、登録と入会のそれぞれに、書類の提出や費用が必要となる。

図1　社会保険労務士証票

社会保険労務士証票

（登録番号）
第 12020052 号
（氏　名）
泉 沢 和 之
昭 45年 5月 15日生

上記の者は，平成 14 年 8 月 1 日社会保険労務士の登録を受けたことを証明する。

平成 14 年 8 月 1 日

全国社会保険労務士会連合会

登録・入会に必要な書類と費用

都道府県会への登録のために必要な書類

① 社会保険労務士登録申請書（正本1枚、副本2枚の3枚複写）

② 労働社会保険諸法令関係事務従事期間証明書〈合格の前後を問わず通算して2年以上労働社会保険諸法令に関する事務に従事したことについての事業主の証明（昭和56年の合格者までは不要）〉または事務指定講習修了証（図2）の写し

③ 社会保険労務士試験合格証書（図3）（合格通知のはがきの写しでも可）

④ 戸籍抄本1通（3カ月以内のもの）

⑤ 住民票1通（3カ月以内のもの）

⑥ 顔写真3枚（タテ3㎝×ヨコ2・5㎝、カラー白黒可、裏面に氏名記入）

都道府県会への登録のために必要な費用

① 登録免許税　3万円

② 登録手数料　2万円

都道府県会への入会のために必要な書類

① 入会届（開業会員のみ添付表・地図が必要）

② 顔写真1枚（タテ3cm×ヨコ2・5cm）

図2　事務指定講習修了証

第〇一一二五〇号

労働社会保険諸法令
関係事務指定講習　修了証

千葉県

泉沢　和之　殿

昭和四十五年五月十五日生

あなたは本会主催の平成十三年度労働社会保険諸法令関係事務指定講習の全課程を修了したのでこれを証します

平成十四年七月十一日

全国社会保険労務士会連合会

会長　大槻　哲也

図3　合格証書

第200100553号

合　格　証　書

泉沢　和之
昭和45年5月15日生

あなたは、社会保険労務士法第10条第1項の規定によって実施した第33回社会保険労務士試験に合格したことを証します。

平成13年11月15日

厚生労働大臣　坂口力

■ 都道府県会の会費

例・千葉県の会費

区　分	入会金	会費(年額)	会費(月額)
開業会員	74,000円	84,000円	7,000円
非開業会員（勤務社労士・その他社労士）	42,000円	60,000円	5,000円

■ 支部の会費

例・船橋支部の会費

区　分	入会金	会費(年額)	会費(月額)
開業会員	無料	18,000円	1,500円
非開業会員（勤務社労士・その他社労士）	無料	6,000円	500円

登録の仕方で分かれる「開業」「勤務」「その他」

社会保険労務士という資格は、同じ試験を受けて合格した有資格者のなかでも、その登録の仕方によって、行うことのできる業務に違いがある。極めて独自の制度をとっている資格だ。

社会保険労務士法では、社会保険労務士でなければ行うことのできない独占業務が規定されているが、同じ有資格者であっても、登録の仕方によって、これらの業務を扱うことのできる範囲が違ってくる。

社会保険労務士事務所を自分で経営し、顧客であるさまざまな会社から社会保険労務士業務を委託されて行う場合は、「開業社会保険労務士」として登録しなければならない。この登録をすることによって、依頼を受けたすべてのお客さんについての社会保険労務士業務を行うことができるようになる。

それに対して、「勤務社会保険労務士」として登録した場合は、社会保険労務士業務は、自分が勤務している会社についてのものしか行うことができない。

たとえば、勤務社会保険労務士登録をしている人が、たまたま仕事上のつきあいで、取引先から労働社会保険諸法令に基づく申請書等の作成を依頼されて、ついつい親切心でつくってあげた場合、報酬を受けとっていなくても、社会保険労務士法違反になってしまう。

「その他社会保険労務士」という登録の仕方は、事務所を開業しておらず、また、勤務している会社で社会保険労務士としての業務もしていないが、社会保険労務士を名のる必要・希望をおもちの有資格者の方が選ぶ登録の仕方だ。

この登録をした場合、社会保険労務士としては、独占業務を行うことはできない。なぜなら、自分の事務所をもっていないので、自分の名前でその業務を請け負うことはできないし、また、勤務先で社会保険労務士として業務を行うためには、勤務社会保険労務士として登録する必要があるからだ。ただし、都道府県会や支部で主催される研修会等への参加はできる。今のところ業務を行う機会はないが、せっかくとった資格とつながりを保ちながら次のステップを考え中である人などが、この登録の仕方を選んでいるケースが多いようだ。

「2年以上の実務経験」と同等の「事務指定講習」

社会保険労務士試験の合格者が社会保険労務士となるためには、資格要件として、所定の実務経験が必要とされる。

「労働社会保険諸法令事務について2年以上の実務経験」または「厚生労働大臣がこれと同等以上の経験を有すると認めるもの」がそれだ。

これに伴い、全国社会保険労務士連合会では厚生労働大臣の認定を受けて、「2年以上の実務経験」に代わる資格要件を満たすために、労働社会保険諸法令関係事務指定講習（通常「事務指定講習」）を実施している。

従って、この講習の修了者は「2年以上の実務経験」と同等以上の経験を有するものと認められ、社会保険労務士法第14条の2に規定する社会保険労務士の登録を受けることができる。

要するに、社会保険労務士試験合格者で、実務経験が2年に満たない人は、この講習を受けることで登録をすることができるということだ。

受講対象者は、「社会保険労務士試験合格者等であって、労働社会保険諸法令に関する厚生労働省令で定める事務に従事した期間が2年に満たないもの」(昭和57年4月1日前に社会保険労務士試験に合格した者を除く)。

講習科目は、①労働基準法および労働安全衛生法 ②労働者災害補償保険法 ③雇用保険法 ④労働保険の保険料の徴収等に関する法律 ⑤健康保険法 ⑥厚生年金保険法 ⑦国民年金法 ⑧年金裁定請求等の手続

講習は、「通信指導課程」(4カ月間)と「面接指導課程」(4日間)のくみあわせにより行われる。

4カ月間の「通信指導課程」と4日間の「面接指導課程」

「通信指導課程」（4ヵ月間）は、教材によって自己学習をし、実務研究課題の報告による通信教育方式によって添削指導が行われる。実務研究課題（全30事例）のすべてについて解答し、かつ、実務指導様式（57種類・65枚）のすべてを期間内（平成18年度は、2月1日〜5月31日）に提出したときに完了となる。

実務経験がない受講生にとっては、途方にくれることも多いが、この課程を完了するための条件はあくまで提出であり、正解ではない。

また、出題される多くの課題が、何年間にもわたってくりかえして使用されているようだ。そのため、事務指定講習を以前に受講した先輩の知恵を拝借しながら課題にとりくむ受講生も多い。

「面接指導課程」は、通信指導課程の期間が終了した後、講習科目8科目について、講義方式により4日間行われる。

面接指導課程は、7月～9月（平成18年度例）に開催する4日間の面接指導を、1日も欠席することなく、すべて出席したときに完了となる。したがって、通信指導課程および面接指導課程のいずれもが完了したときに修了となり、全課程の修了者には「事務指定講習修了証」が交付される。

面接指導は、例年、東京・愛知・大阪のホールで、一部屋に100人程度をつめこんで行われる。日程は、平日の連続した4日間。時間は、4日間とも9時30分から16時30分（12時30分から13時30分は休憩時間）だ。

内容は、1つの講習科目について3時間ずつ、大ベテランの社会保険労務士の先生の話を聞く（科目ごとに、担当者は違う）というもの。「面接指導」というよりは、むしろ、「講義指導」と呼ぶのがふさわしい。

確認試験等が行われるわけではないので、修了の条件としては、ただ、「出席することのみ」というのが実態だ。受講料は、7万円（平成18年度例・消費税込み）。

正直、私にとって、金額的な負担感は相当大きかった。ただ、実務経験の2年間がない試験合格者にとっては、この講習を受ける以外に登録する手立てはない。必要経費とわりきるしかない。

所属は「連合会」と「都道府県会」と「支部」

社会保険労務士会は、管轄する地域の大きさによって3段階に分かれている。われわれは、そのそれぞれに所属することとなる。その関係を図示すると、全国社会保険労務士連合会 ＞ 都道府県社会保険労務士会 ＞ 支部となる。

私を例にとると、千葉県浦安市で事務所を登録した開業会員なので、全国社会保険労務士連合会・千葉県社会保険労務士会・船橋支部（浦安市は、船橋支部の管轄地域）に所属していることになる。

社会保険労務士が、これら所属団体とどのように関わっていくかだが、通常は、都道府県会と支部の活動が中心になる。

全国規模での社会保険労務士会の行事（たとえば、社会保険労務士試験の実施事務）は、都道府県会に運営が委託され、全国一律の基準の通達等が、社会保険労務士個人に対して行われる。また、登録や会費の徴収事務も都道府県会の管轄だ。

支部は、ふだんの社会保険労務士としての地域活動の基盤であり、社会保険労務士個人としての公の活動はここをベースに行われる。

支部活動の様態は支部の数だけ違いがあるといえるが、通常、支部のなかにいくつかの委員会が組織されていて、会員が、それぞれの委員会の活動を、支部会員のために行う。

多くの支部では、月に1回程度、「月例会」と称した集まりが開催される。そこでは、社会保険労務士に関わるさまざまな情報のアナウンスや、支部として地域活動を行う報告や、それに関わる会員の募集が行われたりする。それにあわせて懇親会等も実施され、会員どうしの交流の場となっている。

また、新人会員のための実務基礎研修会や、法律改正をフォローするための研修会なども行われている。

支部の重要な役割のひとつとして、「行政協力」の会員への割り振りがある。読者のなかには、市区町村役場や商工会議所、あるいは郵便局などの公共スペースで、社会保険労務士が相談員として窓口に座っているのを目にした方もいるだろう。そのような仕事は、社会保険労務士個人より、支部に対して依頼がなされることが多い。これに参加した会員には謝金の支払いも行われるので、公正な選考が必要とされている。

まずは自宅を事務所として開業

最初から顧客数が見込まれ、安定した収入の見通しがたっている人でなければ、開業当初は、自宅の一室を事務所として活用するのがベストの選択だと思う。

社会保険労務士の仕事ではお客さんが事務所を訪ねてくる機会はまれで、こちらから出向くのが通常だからだ。さしあたって、事務所は、仕事机を置いて、書類の作成・保管ができるスペースがあれば、ことたりる。

家庭の事情で自宅外に事務所をもたなければならない場合は、共有オフィスを利用したり、仲間と共同で事務所を開設するなどして、極力、家賃負担の軽減に努めるべきだろう。

○○○○事務所

必要な備品は登録・入会時に購入する

まずは、登録・入会時に都道府県会から、以下の備品を購入しておこう。いざ仕事がきたときに、これらのものがないと、なにかと不便だ。

・業務台帳セット……業務で報酬を受けた際、業務台帳に記録しておかなければならない。
・委託（依頼）契約書（図4）……業務契約をする際にとりかわす契約書。
・労働者名簿……労働者に関する必要事項を記載しておくもの。
・事業所台帳（図5）……事業所に関する必要事項を記載しておくもの。
・被保険者台帳……事業所ごとの、社会保険被保険者名簿。
・職務上請求書……社会保険労務士が職権で戸籍謄本等を取得する際に使う請求書。
・提出代行印……社会保険労務士が書類提出を代行する際に押す印。
・17条の付記印……社会保険労務士がこの印を押すことによって、一定の添付書類の提出が免除される。

・バッヂ……社会保険労務士バッヂ。公式の席での着用が推奨されている。

図４　委託（依頼）契約書

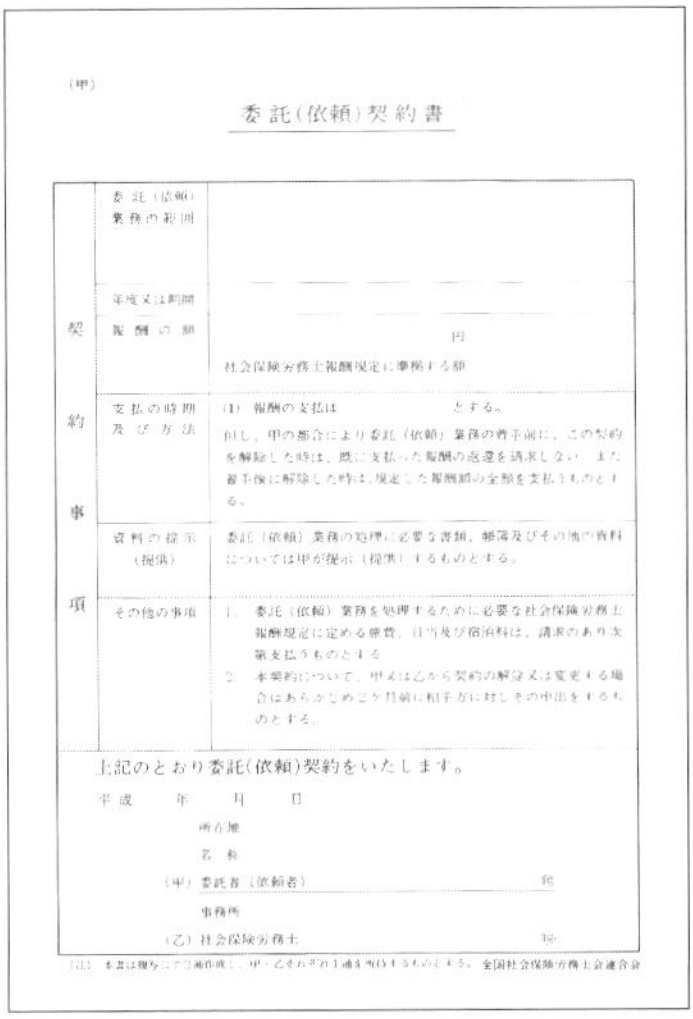

（甲）

委託（依頼）契約書

契約事項	委託（依頼）業務の範囲	
	年度又は期間	
	報酬の額	円 社会保険労務士報酬規定に準拠する額
	支払の時期及び方法	(1) 報酬の支払は　　　　　とする。 但し、甲の都合により委託（依頼）業務の着手前に、この契約を解除した時は、既に支払った報酬の返還を請求しない。また着手後に解除した時は、規定した報酬額の全額を支払うものとする。
	資料の提示（提供）	委託（依頼）業務の処理に必要な書類、帳簿及びその他の資料については甲が提示（提供）するものとする。
	その他の事項	1. 委託（依頼）業務を処理するために必要な社会保険労務士報酬規定に定める旅費、日当及び宿泊料は、請求のあり次第支払うものとする 2. 本契約について、甲又は乙から契約の解除又は変更する場合にはあらかじめ二ケ月前に相手方に対しその申出をするものとする。

上記のとおり委託（依頼）契約をいたします。

平成　　年　　月　　日

所在地

名称

（甲）委託者（依頼者）　　　　印

事務所

（乙）社会保険労務士　　　　印

（注）本書は複写にて２通作成し、甲・乙それぞれ１通を所有するものとする。　全国社会保険労務士会連合会

図５　事業所台帳

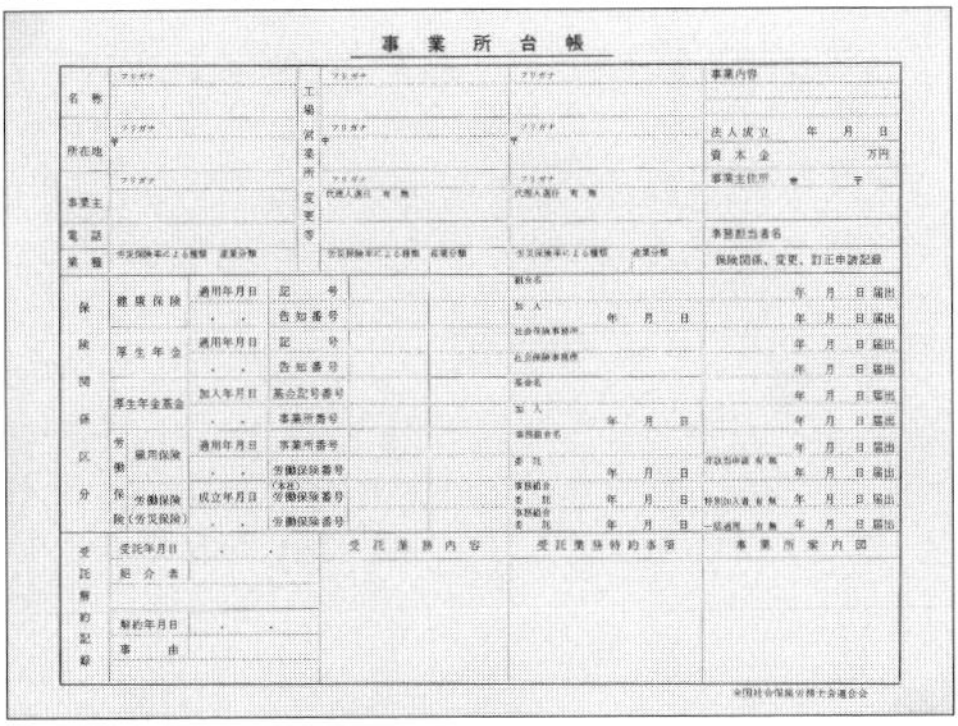

固定電話から携帯への転送で客を逃がさない

社会保険労務士業務を行うにあたって、一般に必要とされるものをあげてみよう。

・事務机・文具類
・印鑑、スタンプの類……印鑑は、提出代行印以外に、ゴム印、三文判が必要となる。「控」スタンプは、書類の控えを役所で受けとることが多いこの業務では頻繁に使う。「請求書在中」スタンプなど、さまざまなものが必要。
・パソコン……ワープロソフト、オフィス系のソフトがスムーズに機能し、インターネットに接続できるものであれば、足りるだろう。ただし、データのバックアップは必須なので、CDメディアやDVDメディアへの書き込み機能は必ず搭載しよう。

また、近年開始された厚生労働省の電子申請手続きプログラムが、MacintoshのOSには対応していないので、OSはWindows搭載の機種を選んだほうがいいだろう。現状ではWindows XPがもっとも適しているといえる。

・プリンター・コピー機の複合機……最近では、コピー機の機能も兼ね備えた複合機が普及しているので、私はそれをお勧めする。A4サイズまで対応のコピー機なら、比較的安価で購入することができるので、できるだけ事務所に備えておこう。

・固定電話・ファックス……番号は、固定電話とファックスで分けておいたほうが便利だ。1つの電話回線でも複数の電話番号をもつことができるので、電話会社に問い合わせてみるといい。

・携帯電話……私がお勧めするのは、事務所を留守にするとき、固定電話にかかってきた電話を携帯電話に転送するサービスの活用だ。転送にかかる通話料金は自分もちになるが、その費用を補って余りある便利さが得られると思う。

私事になるが、緊急の用件をもった方からの電話が転送されて、携帯電話で即座に話せたおかげで、顧問先になってくださったケースがある。

・名刺……表に顔写真を入れたり、裏に業務内容を入れるなど、みなさん、さまざまな工夫をされているようだ。

・書類棚……顧問先ごとに横入れのできるような書類棚を購入し、仕事が完結するたびにどんどん整理していこう。

楽しく仕事をする姿勢が顧客獲得の最低条件

この課題には、誰にでも当てはまる正解はない。

ただ、ひとつだけいえることは、人それぞれ、必ず、「個人的な正解」をもっているはずだということだ。

というのは、社会保険労務士の顧客になる事業主には実にさまざまなタイプの人たちがいる。いかにもビジネスエリートとしてバリバリ仕事をしている人もいれば、繊細な芸術家タイプの人もいる。一見するとスポーツ選手のような人もいる。人と人との相性は、一筋縄ではいかない微妙なアヤの連鎖で成立している。

A社労士が何度アプローチしてもお客さんになってくれなかった社長さんでも、B社労士と一度ゴルフをいっしょに回っただけで、お客さんになってくれたなどというケースもよく見聞きされる。どんな社会保険労務士にも、必ず、その人に向いたお客さんが存在するはずだ。

営業方法も、社会保険労務士ひとり1人にとって、向いているもの、向いていないものがある。これまでの日本のビジネスシーンでは、飛び込み営業こそが営業の王道だと言われることが多かったと思うが、それを行う人にとって効果があがらないのであれば、営業方法の選択ミスでしかない。

たとえば、私の知っている社会保険労務士で、参加しているボランティア活動をきっかけにしてお客さんを獲得し、そこを起点として事務所を大きくした方がいる。

その方は、短時間の印象が勝負の営業活動よりは、長い時間をかけて種を蒔くスタイルが向いているのだろう。営業という意識はなく、人と誠実に関わっていき、そのなかで商売に結びつく話は逃さない嗅覚を備えているのだと推測される。

自分のことを必要としてくれるお客さんといっしょに仕事をすること、自分に向いている営業方法を見つけてそれを実践していくこと、それこそが、最終的に充実した仕事を継続的に行うための最良の方法であると思う。

無理をして、自分に向いていないことを続けていては、楽しく仕事をやっていないオーラが漂い始め、負の連鎖に陥ってしまう。「楽しく仕事をしていく姿勢」が顧客獲得の最低条件であると、私は敢えて言いきってしまいたい。

規制緩和で撤廃された報酬規定

以前は、各都道府県会で標準的な報酬規定が定められていたが、規制緩和の流れを受けて、２００２（平成14）年から報酬規定が撤廃された。

しかし、何も基準がないと逆に不便だという話をお客さんからもよく耳にする。現実には、「旧報酬規定」という断りをしたうえで、その金額を参考にして、話しあいのうえ、報酬が決定されることが多いようだ。

本書では、参考までに千葉県社会保険労務士会の旧報酬規定を一部掲載しておく。

■ 開業社労士の人事・労務管理報酬

人事・労務管理報酬とは、社労士業務のうち人事・労務管理に関する下記の項目につき、相談・指導、企画・立案および実施のための運用・指導を行う場合に受ける報酬である。

項　目	相談・指導	企画・立案	運用・指導	例　示
1.雇用管理	50,000円	500,000円	50,000円	①要員計画　②採用基準　③適性検査　④配置・異動計画　⑤昇進・昇格計画　⑥職務再編成　⑦休職制度　⑧定年制度　⑨雇用調整
2.人事管理		1,000,000円		①職務調査・分析　②職務記述書・明細書　③職務評価　④人事記録　⑤人事考課　⑥職務分掌　⑦自己申告制度
3.教育訓練		500,000円		①教育訓練計画（新入社員教育、中堅社員教育、技能訓練、監督者訓練、管理者教育等）
4.賃金管理		1,000,000円		①賃金水準検討　②賃金体系　③賞与　④退職金　⑤付加価値・労働分配
5.労働時間管理		1,000,000円		①労働時間　②フレックスタイム　③週休二日制　④休日・休暇　⑤労働時間短縮
6.安全・衛生管理		1,000,000円		①安全・衛生管理計画　②施設改善　③作業改善　④安全・衛生管理組織　⑤安全・衛生教育　⑥KYT（ゼロ災運動）　⑦健康管理　⑧総合的健康の保持・増進
7.人間関係管理		1,000,000円		①提案制度　②社内報　③カウンセリング　④コミュニケーション　⑤モラールサーベイ
8.企業福祉		500,000円		①財形　②社内預金　③共済　④慶弔金　⑤レクリエーション　⑥定年退職前教育　⑦企業年金
9.労務計画		500,000円		①労務方針　②労務計画
10.労務監査		500,000円		①監査計画　②労務監査　③監査報告
11.労使関係管理		1,500,000円		①労使協議制度　②労使懇談制度　③苦情処理制度

（注）この人事・労務管理報酬に係る企画・立案の報酬は、従業員規模50人を基礎にして定めたものである。

開業社労士の顧問報酬

人員	4人以下	5～9人	10～19人	20～29人	30～49人
報酬月額	20,000	30,000	40,000	50,000	60,000
人員	50～69人	70～99人	100～149人	150～199人	200～249人
報酬月額	80,000	100,000	130,000	160,000	190,000
人員	250～299人	300～349人	350～399人	400～499人	500～599人
報酬月額	220,000	250,000	300,000	350,000	400,000
人員	600～699人	700～799人	800～899人	900～999人	1000人以上
報酬月額	500,000	600,000	700,000	800,000	協　議

（注）人員は事業主（常勤役員を含む）と従業員（含・パート）を合わせた数である。

第4章 泉沢の社労士開業日記

エピソードはすべて事実に基づいていますが、プライバシー保護の観点から、各社名および人名は、私を除き、すべて仮称とさせていただきました。

日記1 お客さんは0軒

電話1本鳴らない開業1日目

今日、私の開業社会保険労務士としての人生がスタートした。形式的な開業登録は2ヵ月ほど前にすませていたが、その後、予備校の受験講座、開業講座を通じてお世話になった先生の事務所で、インターンシップ生として面倒をみてもらっていたからだ。したがって、本日が実質的な開業の第1日目。

昨日までの居場所であった大塚先生の事務所の電話は、電話がそれこそひっきりなしに鳴っているような忙しい事務所で、職員がひとつの書類を完成させようにも、飛び入りの仕事によって、その進行が中断されることがしばしばだった。

しかし、私の事務所の電話は、鳴らない……。

もちろん、これは当たり前のこと。なにせ、私の事務所のお客さんは、まだ0軒なのだから。

気をとりなおして、年金の実務参考書をとりだして、「お勉強」を始めた。

「いまさら勉強もなかろう、営業に外を飛び回れ！」と言われる方もいるかもしれないが、このお勉強は、目下、必要なものなのだ。週末に地元浦安市で市民祭りが行われる。そこに社会保険労務士会でブースを設置して、「社労士なんでも相談会」を開催するのだが、その相談員の募集に応募したら、新人の私も選ばれてしまったのだ。

「なんでも」相談とは言っても、多くは年金相談であるとのこと。それなので、受験から1年近く経っている頭のなかに、もう一度年金知識をとりもどすべく、せめてもの準備をしておくのが、自ら手を上げた者の務めだろう。

それにしても、「年金って難しい……」。

実務参考書を読んでいると、自分がいかに何も知らないかに呆れてしまうほどだ。

受験勉強のときは、全体の7割が分かっていればいいと思っていたし、実際、「奇問・難問は切り捨てる」姿勢が、合格につながったと思う。

しかし、実務では、何一つ間違えてはならないし、すべてを網羅していなければならないのだ。お客さんはプロである我々に常に100パーセントを求めてくるだろうし、こちら側の些細なミスが、お客さんに実害を被らせる可能性だってあるだろうから。

相談会では、どのようなお客さんが来て、どのような質問をされるのだろうか。開業してから実質数日の社会保険労務士が、それにきちんと対応することができるのだろうか。

結局、実務参考書はあまり読み進めることができず、仕事がらみの電話も1件も入らず、開業1日目は終わった。

日記2 「社労士なんでも相談会」の相談員

記念すべき社労士としての初仕事

今日は浦安市民祭りで「社労士なんでも相談会」の相談員を務める日だ。社会保険労務士として、初めて仕事ができる日だ！

開業してから数日が経過したが、何も仕事はなかった。なんとなく事前から予感していたことではあるが、万に一つの可能性を期待していたお客さん側からのアプローチもなく、私の開業の船出は、ひたすら今日のための年金勉強に費やされていた。

相談会のブースには定刻の15分前に到着した。会場設営を手伝ったり、先輩の社会保険労務士の方々に自己紹介をしているうちに、相談会がスタートした。

新人ということで、最初は相談会場の裏手の空間に位置をとりながら、先輩方の相談受付の仕方を学ぶ。

それにしても、お客さんの数は予想以上に多い。

そうこうしているうちに、お客さんの数はますます増え、相談を受ける社会保険労務士側の人数が足りなくなってきた。

「新人だから」と見学していた私だが、いつまでも傍観者でいるわけにはいかない。先輩にも促され、お客さんの待つテーブルの席へと向かう。いざ、相談員として、社会保険労務士として、記念すべき初仕事のスタートだ！

テーブルには2人の女性が相談受付を待っていた。見たところ40歳代と70歳代、親子のように見える。

「ははあ、これは、年代からいって遺族厚生年金の相談だな。遺族厚生年金を受けることができるようになった人が最初に悩むことは、自分の老齢厚生年金とのくみあわせで、3とおりの年金の支給のされ方があり、どれを選んだらよいかで迷ってしまうことだ。そのあたりを分かりやすくご説明しよう」などと、頭の中でシミュレーションしながら、私もテーブルに着いた。

私は新人だということがばれないように、さも場慣れした様子を装いながら、年金相談の資料をテーブルに並べた。年金額について聞かれたときに備えて、少々大きめの電卓も用意した。準備万端のはずだ。そして、おもむろにこう切り出しました。

「本日は風の強いなかお越しいただきましてありがとうございます。さて、どのようなご相談でしょうか？」

わからないことは伝え、アフターケアーする

若い方の女性の質問は意外なものだった。

「あのう、今月1日から老人保健の取り扱いが変わったということで、家族合わせてたくさんお金がかかった場合、今までの還付金とは額が違ってくると聞いたのですが、それについて教えてください」

それを聞いた瞬間、私の頭のなかでは、蒸気のような音が鳴り響いた。

パニックを起こしたのだ。

「えっ、この質問はなんだろう!?。老人保健って、試験では『社会保険に関する一般常識』という科目のなかで出題されるんだっけ!?　還付金ってなんだろう!?　そうか、これはどうも高額療養費について質問されてるらしいぞ。でも、今月から取り扱いが変わるって、自分は聞いたことがないぞ!?」

最初は知っている言葉を羅列しながらこちら側からの質問をつづけ、その間になんとか答えを導き出そうとした。しかし、自分がまったく知らないことなので、答えなど見つかるはずもない。

そのとき、後ろで休んでいたベテラン社労士の朝倉先生が助け舟を出してくれた。朝倉先生は浦安市でつくっていた高額療養費の改正パンフレットを持参してきていて、それを元にお客さん2人に説明をしてくれた。お客さんは、自分たちの質問に対する答えが分かり、かつ、パンフレットも渡されたので、喜んで帰っていった。

私は朝倉先生にお礼を言った。

朝倉先生から、「もっと勉強しなければだめだ」と、苦言を呈されると思っていた。

しかし、朝倉先生は、次のように言われた。

「あのように、自分の知らないことをお客さんから質問されるのはよくあることです。大切なのは、当てずっぽうで答えたり、質問をはぐらかしたりしないこと。分からない部分をはっきりとお客さんに伝え、迅速に調べ、後ほど回答をさしあげれば、仕事をしたことになります」

私は、目から鱗《うろこ》が落ちた気がした。

帰り際、先輩社労士の方々から、「これからもよろしくお願いします。何かあったら、遠慮なく聞いてください」と口々に言葉をかけられた。

今日の収穫の一番は、これだったと思う。開業したてで未熟者だから、相談員なんてとてもできないと思い、応募を躊躇《ちゅうちょ》する気持ちもあったが、結果として先輩諸氏と面識ができ、貴重なノウハウを学ぶ機会を増やすことができた。

ゼロのスタートから、ひとつの積み重ねが、今日、生まれた。

日記3 「中小企業雇用創出人材確保助成金」の申請

「自分が始めたいときに始めない」のが「遅すぎる」ということ

学生時代からの友人で、インターネット関連事業の会社を立ち上げたばかりの村岡君から電話があった。「人を雇おうと思うので、手続きを手伝ってくれないか」とのこと。

「やった！　初めての、法人のお客さんだ！」と心のなかで叫びつつ、会社訪問の日時を決め、電話をきった。

村岡君は、私に社会保険労務士の開業を決意させた張本人といっても過言ではない。

本試験に合格はしたものの、社労士事務所での勤務経験がなかった私は、登録即開業の道を選ぶか、それとも、社労士事務所への就職活動を行うか、選択に迫られていた。そのころ相談した相手のなかに、村岡君がいた。

「実務経験なしでの開業は不安であり、仕事の手順を覚えてから開業した方がいいのではないか。しかし、自分はもう30歳を越しており、社労士事務所の求人は狭き門だと聞いている。就職という選択肢を優先するなら、資格と関係ない会社も視野に入れながら求職活動を行わなければならないが、それでは何のためにお金と時間と気力をかけてこの資格をとったのか分からない」

迷いと愚痴のくりかえしになってしまう私の話をせき止めて、村岡君は言ってくれた。

「もし泉沢が、客がいないかもしれない、仕事がないかもしれないという理由から事務所開設を躊躇しているのなら、俺が社会保険労務士に仕事を頼むことがあれば、真っ先にお前に連絡することを約束する。でも、その時点でお前がまだ仕事を請けることのできない状態であるならば、残念ながら他の社会保険労務士に話をもっていってしまうだろう。何かを始めるためには、遅すぎるということも、早すぎるということもないのではないかな。強いて言うなら、自分が始めたいときに始めないのが遅すぎるということだし、自分が迷っているのに始めてしまうのが早すぎるということなのだと思うよ」

これを聞いたとき、自分の決意が固まった。「最短時間での独立開業」を選択しようという決意だ。元々独立開業をするために社会保険労務士の資格取得をめざした自分が、大目標である独立開業士壇場に来て躊躇《ちゅうちょ》するようになったのは、単に、根拠のない不安が原因であったことに気づいたからだ。根拠のない不安は、人から行動する判断を奪い、永遠に未来への機会を奪いつづけることもある。

「独立開業して、お客様のお役にたてるような仕事がしたい」

自分の意思を確認した私は、その後は、根拠のない不安が襲ってくることがあろうとも、あまり気にかけないことに決めた。

会社が初めて従業員を雇う場面から関わらせていただけることになったのだから、社会保険労務士冥《みょう》利《り》に尽きる話だ。こちら側としても、準備は抜かりなく、手続きを進めていかなくてはならない。

助成金の申請を提案

村岡君が創業した有限会社コナトスを訪ねた。

場所は東京都千代田区の一等地。ビルの一室だ。新しいオフィス家具が並んでいるオフィスは、すがすがしさを感じさせる。

従業員を雇う前なので、オフィスには村岡君と私しかいない。

私は村岡君に、「中小企業雇用創出人材確保助成金」を申請したらどうかと提案した。

この助成金は、創業や異業種進出の準備を始めてから6ヵ月以内に、都道府県知事から改善計画の認定を受けた中小企業者が、改善計画の1年目に労働者を雇い入れ、創業や異業種進出に伴う経費が300万円以上である場合に、雇い入れた労働者の賃金を助成するもの。労働者1人あたり、約40万円が支給される（現在は廃止されている）。

事業を開始して間もない会社にとっては、まさにうってつけの助成金だ。

助成金の最大の強みは、原則として「受給された金額を返還する必要がない」ことだ。ただし、助成金を受けた場合、従業員を安定的に雇用しつづけるという義務が生じる。また、会社の経営も、とくに法令を遵守した透明性が求められ、必要に応じて関係書類の提出を求められる。

村岡君の方針として、有限会社コナトスは、法令を遵守した経営を前提として、従業員の労働条件を整備しつつ、従業員とともに育っていく会社にしたいとのことだった。

このような健全な経営を心がける会社にとっては、助成金は大きな武器となる。

村岡君も関心を示してくれたので、さっそく準備を始めた。というのは、「改善計画」の認定は、従業員を雇う前に受けておかなくてはならない。また、改善計画の認定を受けた後は、「実施計画書」も作成・提出しなければならないからだ。

帰り際、雇用能力開発機構という厚生労働省の外郭団体へ、改善計画の認定を、いっしょに受けに行く約束を村岡君と交わした。この助成金の申請手続きは、事業主が社会保険労務士に丸投げというわけにはいかず、一度はともに役所に出向かなければならないのだ。

ここは社会保険労務士の腕の見せ所です！

お役所仕事に「疲れたよ」

「形式ばった書類の書き方を指示されるし、どこが違うのか分からないような微妙な言い回しの違いにクレームをつけられるし、正直言ってとても疲れたよ……」

村岡社長（経営者と社会保険労務士としてのつきあいを始めてから、いつの間にか、私は彼のことを「社長」と呼ぶようになっていた）は、私とともに訪れた、雇用能力開発機構の扉の外に出ると、心底疲れた様子で言った。

「お役所仕事という言葉は知っていたけど、今日の『改善計画作成相談』は、まさにそれだな。企業の実態にあわせた計画を作成してくださいとは建前で、最初から、計画書に書くべき文章は決まっていて、それをなぞらせようとしているだけだ。いやあ、泉沢さん（彼も、仕事でつきあう過程で、私のことを「さん」づけで呼ぶようになっていた）が事前に用意していたマニュアルがあったから、本当に助かった。自分ひとりだったら、この助成金のことはきれいさっぱりあきらめたと思うよ」

私は、村岡社長のことをいささか気の毒に思ったが、内心は、最終的には改善計画にOKをもらった喜びで、胸がいっぱいだった。

「改善計画にお墨付きをもらったのだから、もう助成金の問題は片付いたのだね。あとは人を雇って、数ヵ月すると助成金が振り込まれるのかしら？」

「申し訳ないのだが……」、私は心の底からそう思いながら、村岡社長に真実を告げざるを得えなかった。

「これから、東京都産業労働局労働部能力開発支援課民間支援係に行って、この改善計画を提出しなければなりません。そうして初めて、この改善計画が受理されたことになるのです。さらに、その次の段階として、『実施計画書』というものを作成・提出しなければなりません。これも、助成金で定められた申請時期があるので、それを過ぎてから提出したらOUTです。この計画書が受理されてから、初めて、助成金の支給対象となる従業員を雇うことができます。さらに、助成金の支給を申請するには、従業員が6カ月勤めつづけたところで、定められた1カ月の間に支給申請書を提出しなければならず、その添付書類は……」

私がここまで言ったところで、村岡社長は力なくつぶやいた。

「もう、面倒くさいことは全部社労士の君に任せた。あとは頼んだよ……」

助成金の「おいしい」部分を味わうには社労士に

後日談ではあるが、この助成金の手続きは無事に完了した。

会社は従業員1人あたり40万円ほどの助成金を受けとり、社会保険労務士である私は、その一部分を手続き料としていただくことができた。そして、有限会社コナトスは、私の最初の顧問契約の相手となった。

助成金は、ほんとうに必要としている人にとって、使い勝手がわるい制度だと言われている。助成金の趣旨そのものは、目下の雇用情勢を総合的に鑑《かんが》みてその対象を的確に選んだものが多く、目配りの効いたよいものが多いと思う。しかし、それをいざ使おうとすると、お役所的な形式主義、複雑すぎる手続き、一本化されていない受付窓口と、とにかくハードルが高いものになっている。

助成金は、受けたお金を返さなくていいという点で、会社にとっては「おいしい」制度だ。しかし、正直言って、経営者の方にとっては、助成金の勉強をしていくらかのお金を支給されるよりは、本業で利益を上げていただくほうが能率的であるという印象を私はもっている。

本業の足を引っ張られずに、助成金の「おいしい」部分を少しでも味わうにはどうしたらいいか。ここに、専門家である社会保険労務士が会社のお手伝いをする意味がある。

もちろん、助成金の制度上の不備を歓迎するつもりは毛頭ない。将来的には、ほんとうに必要として、かつ支給される資格のあるすべての企業が、もっと気軽に助成金を活用できるようになればいいなと願っている。

そのために、専門家である社会保険労務士が行政と民間の橋渡し役として、よりよい制度構築のための提言をつよく行っていくべきだろう。

しかし、その一方、現状で我々ができる最良の方法は何かを提示するのも専門家としての役割だとも思っている。未来の夢を実現するためには、現在の茨に足をとられたままでは先へ進めないのだから。

日記4

「同日得喪」の適用

再雇用で給料が下がったら、保険料も下がる？

以前、私は簿記を勉強をするために会計の専門学校に通っていた。そのときの受験仲間であった高円寺さんから、久しぶりに電話があった。彼は、私より5歳ほど年上の男性で、当時は父親の経営する工場の経理を任されていた。そのため、簿記を勉強しにきていた。

その彼が、今では病弱なお父さんに替わって社長に就任したのだと報告してくれた。

「実は、ウチの工場は、社会保険関係の仕事も、全部、税理士さんに任せているんだ。それでとくに不自由を感じたことはないし、何人も顧問を雇うほどの余裕もないんだよ」

この言葉を聞いたとき、私は正直言ってがっかりした。しかし、気をとりなおして、「今の時代、どこも不景気で大変ですよ。もし、何かお困りのことがあれば、いつでもお声をおかけください」と、つとめて明るく軽く言った。

その私の言葉の後に、彼はちょっと暗い口調で言葉をつなげた。

「実はねえ、ちょっと困っていることがあるんだ。もしよければ、話を聞いてくれないかい?」

高円寺さんが経営する工場は60歳定年制をとっていて、従来は、定年を迎えた従業員の方には全員退職してもらっていた。ところが、即戦力として十分通用する60歳以上の高齢者を活用したほうが得策だと考えて、昨年、60歳を迎えた従業員Aさんを1年契約の嘱託として再雇用したそうだ。60歳からの1年間は、それまでと同様の賃金を支払っていた。

それから1年が過ぎてAさんは61歳となった。会社側としては、さらに1年の再雇用を提案した。しかし、折からの不況で工場の売り上げも減少気味。かつ、Aさんも年齢による視力・体力の衰えが目立ち始めたので、比較的負担のかからない部署に配置転換し、給料も10万円ほど下げる契約を結んだ。

「それが、先月のことなんだよ。そうしたら、Aさんがこんなことを言ってきたんだ。定年を迎えた後に再雇用されて、給料が下がっている場合は、社会保険の保険料もすぐに下がると聞いたので、自分の場合もそうしてくれと。こういうのって本当なのかなあ?」

「同日得喪」が適用される？

これは「同日得喪」のことを言っているのだなと思った。

定年が60歳以上の会社で、社員を嘱託等として再雇用し、賃金が下がった場合、本来ならば雇用は継続しているとみなされるので、随時改定でしか社会保険料の変更は起きないことになる。しかし、特別に雇用関係がいったん打ち切られたとみなして、新しい賃金額を、保険料の額や特別支給の老齢厚生年金の支給停止額にすぐに即応させることができるとするものだ。

要は、定年・再雇用で給料が下がった場合、社会保険料が安くなったり在職老齢年金の支給停止額が少なくなったりするのは通常3ヵ月後なのだが、「同日得喪」が適用されると、3ヵ月を待たずに即座にそれらが行われるということだ。

つまり、従業員にとっては社会保険料が早く安くなり、在職老齢年金額が早く上がるので、お得な制度なのだ（会社にとっても、従業員と折半の社会保険料が通常より早く安くなるので、やっぱりお得）。

私は、Aさんのように人事の専門家でない人が、このような特殊な制度を知っていることに驚き、感心した。しかし、最後の詰めが甘いことに気づき、高円寺さんにお答えした。

「確かに、Aさんが言っているのと似たような制度があり、それは『同日得喪』と言われています。しかし、それは定年を迎えた人が嘱託等として再雇用された場合に認められる制度なのです。Aさんの場合、定年で再雇用されたときは給料は据え置かれていて、給料が下がったのは定年とは関係のない2回目の再雇用の段階なので、この制度は残念ながら適用されないでしょうね。この場合、通常どおり3ヵ月間給料が下がった後、4ヵ月目から新しい安い社会保険料が適用され、在職老齢年金の支給停止額が少なくなるでしょう」

彼は納得した様子で、「なんか難しい話だけど、結果的に、自分がやっていた処理でよかったんだな。どうもありがとう、助かったよ」と言い、電話をきった。

私は、自分の知識が旧友の迷いを断ちきったことで嬉しく思ったが、やがて迷いが生まれてきた。Aさんの言葉には、何か理由があるのかもしれない、と。

何ヵ所かに確認をとるのが鉄則

念のためにと思い、高円寺さんの会社を管轄する某社会保険事務所に電話をかけて確認した。すると、対応した職員は、「『同日得喪』は、定年と同時の再雇用にしか適用されませんので、このケースは対象外ですね」とさらっと言ってきた。

しかし、私のなかの胸騒ぎは消えない。何かがしっくりいかないのだ。

「念には念を入れて、もうひとつ調べてみよう！」

この業界では、役所に問いあわせをしてみて疑問点が残ったときは、何ヵ所かの役所に同じ質問をして、確認をとるのが鉄則だと言われている。1ヵ所だけでの回答を鵜呑《うの》みにすると、ひどい目にあうことがあるからだ。

私は、上級官庁に直接問いあわせてみることにした。東京社会保険事務局に、同じ質問を投げかけてみた。すると、意外な答えが返ってきた。

「一般的に言って、『同日得喪』とは、定年時に嘱託等で再雇用された際に、給与が下がった場合に適用する制度です。が、東京都の場合、定年時に給与が下がらずに嘱託として再雇用されて、後に、再度嘱託として雇用されたときに給与が下がったときにも『同日得喪』を適用できる（ただし、回数は1回限り）とする通達が過去にでております。ですから、お客様のご質問の場合であっても、それを適用することが可能です」と!!

私はあまりの事態に興奮して、後々の確認のため、担当官の方の氏名を聞かせていただき、某社会保険事務所では、「同日得喪」が適用されない旨の回答をされたことを伝えた。

すると、担当官は申し訳なさそうな声色で、「社会保険事務所の方には、こちらから指導しておくので、もし手続きをされるのであれば、お早めになさってください。その際必要な添付書類もありますので、合わせてご持参ください」と、たいそう丁寧な応対をしてくれた。

その後、さっそく高円寺さんに電話をし、調査した結果をお話しした。

誤った情報は相手に損害を与える

電話をきった後、私は冷や汗が出てくるのを禁じえなかった。私たち社会保険労務士が扱う手続きには、常に例外事項が存在する可能性がある。思い込みだけで漫然とやり過ごしていては、誤った情報を相手に伝えることになりかねない。そういう厳しさを改めて実感した。

誤った情報を伝えることは、相手に損害を与える。プロとして失格どころか、マイナスの存在となってしまう。今回、最悪の事態を避けられたのは、私が勘にしたがって行動したまでで、単に幸運だったにすぎない。常に最終確認を怠らず、思い込みで判断しないという姿勢をもちつづけなければいつか火傷《やけど》をしてしまうぞと、自戒した一日だった。

これにも後日談がある。

現在、私は高円寺さんのことを「高円寺社長」と呼ぶようになった。すなわち、私の事務所のお客さんになってくれたのだ。

彼は高齢者の人材有効活用に非常に関心をおもちの方で、Aさんの「同日得喪」騒動（？）をきっかけに、常に相談できる専門家を身近に置いておきたくなったとのことだった。「残念ながら税理士さんは答えてくれない」ので、社会保険労務士である私を必要とするようになったとのこと。

しかし、今回の件で私にとっていちばんの恩人は、専門家であるはずの私や社会保険事務所の職員でも知らなかった専門知識を知っていたAさんであろう。彼の社長への提言がなければ、私は高円寺さんのことを「社長」と呼ぶことはなかっただろうから。

日記5

「任意包括適用事業所」と社会保険

義務でなくても社会保険へ加入したい

今日は、仕事上、少々後味のわるい思いが残ってしまう出来事があった。

そもそも話の発端は、私の叔母の知人である須崎さんという方が、個人商店を開業したところから始まる。私は社会保険労務士を始めた直後、勉強のため、叔母の年金裁定請求を無料でひきうけたことがあった。その縁で、叔母は私の商売のことを事あるごとに自分の知人に紹介してくれていた。

そのなかの一人に須崎さんがいた。彼女は1年ほど前に資産家である夫を亡くし、その後、悲しみから家でふさぎこむ毎日をおくっていた。そんな彼女を見て、親友のBさんが「何でもいいから外に出て気分を変えた方がいい」と、親身なアドバイスをおくりつづけていた。

須崎さんも徐々に心を開き始め、つい最近、Bさんといっしょに彼女の所有するビルの1室で小さな古着屋さんを始めた。事業主としては、開業資金を提供した須崎さんを登録した。そして、社会保険加入の手続きを任せられる人を探しているという。

さっそく、須崎さんのお店にお伺いすることを約束し、数日後、須崎さんとお会いしてお話を聞かせていただいた。

私は以下のようなポイントをかいつまんで説明した。

① 須崎さんのお店の場合は、従業員が1人しかいない個人商店であるから、労災保険・雇用保険（いわゆる労働保険）への加入の義務はあるが、健康保険・厚生年金（いわゆる社会保険）への加入の義務はないこと。

② 仮に社会保険へ加入しても、被保険者になるのはBさんのみであり、個人事業主である須崎さんは対象外であること。また、お店にとっては、Bさんの保険料を半額負担しなければならなくなること。

③ 目下、しなければならないのは、労働保険への加入手続きであること。

それに対して須崎さんは、「労働保険への加入については1日でも早く進めていただきたい。できることなら、義務でなくても社会保険への加入をお願いしたい」と希望してきた。

須崎さんとしては、Bさんがずっと独身で国民年金にしか加入したことがないので、老後の生活のために少しでも年金を増やしてあげたいという。そのため、できれば自分のお店が社会保険に加入して、Bさんを厚生年金の被保険者にしてあげたいのだと真剣な表情で私に訴えてきた。

「任意包括適用事業所」の要件

私は、Bさんの同意があれば、須崎さんのお店は「任意包括適用事業所」として社会保険への加入も可能であり、その場合、お店とBさんが折半で保険料を支払っていくことになる旨をご説明した。

須崎さんは、「そのあたりはBさんも承知している」とおっしゃったので、社会保険も適用の方向で進めていくことを確認した。そして、その足でお店の住所地を管轄する社会保険事務所へ向かった。

社会保険への新規の加入は、労働保険へのそれとは違い手続きが複雑で、受付日も決まっている。また、提出しなければならない書類も多く、その様式は都道府県によって異なっている。そのため、説明資料や提出書類の一式（新適セット）を事前にもらいに行かなければならない。

社会保険事務所に着いた私は、「新適セット」を受けとりながら、職員の方に、任意包括適用の手続きの仕方について、念のため確認をした。

それに対して、担当職員は意外な回答をした。

「まず、従業員の方に3ヵ月分以上給与が支払われていることが前提となります。そのうえで任意包括適用の同意書を提出してもらって……」

説明はまだつづいていたが、私は、「困ったことになったぞ」と思った。

というのは、須崎さんのお店は開業してまだ1ヵ月強しか経っておらず、給料の支払いは1回しかされていない。職員の説明のとおりだとすると、あと2ヵ月しないと加入できないことになる。

私は、思わず疑問を口にした。

「ちょっと待ってください。先日、同じような個人事業所の任意包括適用の手続きをしたのですが、そのときは、給料が1回でも支払われていればその資格があると言われたのですが。この、給料支払い3回という基準は、何か根拠があるのですか？」

職員の方は、少し困ったような顔をして、言った。

「いえ、これはあくまで私どもの運用上の規定ではあるのですが、適切性を欠いてはいないと思われます。失礼ですが、お客様が以前、任意包括適用の手続きをなさったのはどこの社会保険事務所だったのですか？」

確認不足だった

「あっ！」

思わず、叫び声をあげそうになった。ここは私が初めて訪れた埼玉県内の社会保険事務所だ。それに対して、私が以前に同じようなケースの手続きをぶじに成功させたのは他県の社会保険事務所だった。私は自分の負けを悟ってモゴモゴと返事をした。

「いえ、あのう、確かあれは、そうだ、埼玉県じゃなくて、別の県だったかなあ……」

要するに私の確認不足だった。「別の地域で通用した取り扱い基準が、全国どこででも通用するわけではない」ということは、社会保険労務士として仕事をするなかでよく体験する実情なのだ。それなのに、今回、私は重要な確認を忘れて思い込みで見切り発車をし、お客さんも巻き込んでしまっていたのだ。

私は社会保険事務所の窓口を黙って去るしかなかった。

社会保険事務所の外で、私は一縷《いちる》の望みをかけて、携帯電話で埼玉県社会保険事務局に電話をし、この取り扱いの妥当性についての判断をたずねてみた。

応対した担当者は、「局としても、社会保険事務所の取り扱いは適切性を欠いてはいないと判断いたします。ですから、お客様の要望を受け入れるよう指導することは、その必要性を認めないと言わざるを得ません」と、きっぱりと言った。

私も、それ以上何も質問することはなかった。

気の重いことではあるが、須崎さんに社会保険適用は現段階ではできないことを正直に説明しなければならなくなった。

私の説明を聞くと、須崎さんは少し残念そうに言った。

「まあ、できないものは仕方ありませんね。今回は、社会保険への加入は保留にしておきます。Bさんには私から今言われたことを説明しておきますよ。さしあたって、義務である労働保険への加入手続きだけお願いします」

誰でも、出鼻をくじかれるとやろうとしていたことの意欲は半減してしまうものだ。

「今回の、社会保険の任意包括適用事業所としての加入が拒否されたことが、須崎さんとBさんのお店の門出に悪影響を与えてしまうのであれば、私にもその責任の一端はあるのかもしれない……」

私は、それ以上考えてもしかたがないことだと思いながらも、罪悪感を感じないではいられなかった。

割りきれない思い

それから2ヵ月が経った。

私は、須崎さんのお店に電話をかけた。

「以前、労働保険の新規適用手続きをさせていただいた泉沢です。その節はたいへんお世話になりました。つきましては、例の社会保険への加入の件ですが、そろそろ可能な時期になりました。手続きのほういかがいたしましょうか?」

須崎さんは明るい口調で、あっけらかんとこう言った。

「あ、そのことだけど、もういいわ。なんか、いまさらって気もするし、Bさんも厚生年金必要ないって言ってるし。彼女、民間の積みたて保険に入ったらしいから、厚生年金の保険料まで払うのが大変になっちゃったみたいなのよ」

そう言われると、義務ではない社会保険加入を私が無理やり勧めることはできない。個人事業主と言えども、対象従業員が4人以上になったときには社会保険への加入が義務になることだけをご説明して、私は電話をきった。電話越しに、店のなかの活気ある様子が伝わってきたことだけが、せめてもの救いだった。

「社会保険料の負担を避けるために、本来なら加入義務のある法人ですら未適用のまま様子見をしているケースが多いのが、今の時代の傾向だ。須崎さんが自分のお店を義務でもない社会保険に加入しようとしていたのは一時の気の迷いだったのかもしれない。だから、結果的に、須崎さんのお店にとってはこれでよかったのかもしれないじゃないか」

そう考え、私は必死に自分を納得させようとした。

しかし、やはり、どこか割りきれない思いを感じつづけているというのが、本心だ。

日記6 「社労士110番」で

真剣な電話の内容

今日は、千葉県社会保険労務士会事務局会議室において「社労士110番」という電話相談会が実施され、私も6人の相談員のうちの1人として、午前の部（午前9時〜午後1時）を担当した。

私が最初に受けた相談は、旧国民年金法の老齢年金のみを受給中の、大正生まれの女性からのものだった。10年以上前に、大正生まれの夫が亡くなっているが、旧法の遺族年金をもらえるのではないかと思い至ったとのこと。

「年金の時効は5年と聞いているが、実際はどうなのでしょう」との質問だった。

「確かに時効は5年だが、条件を満たしていれば、5年分はさかのぼって支給される可能性が高いので、早めに役所で手続きをした方がいい」とお答えした。すると、電話越しの声がみるみる若返っていくのが感じられ、私としても嬉しかった。

年金関係の相談が多かった。そのなかで印象に残っているのは、企業の総務部長さんからの半ば内部告発的な相談だ。

過去に一度、会社更生法の適用を受けた会社なのだそうだが、最近、給与の未払いが発生している状況。従業員からよく質問を受けるので、「仮に会社がつぶれてしまったとき、未払い賃金はどの程度補償されるのか、確認しておきたい」とのこと。

とりあえず、「賃金の支払の確保等に関する法律」に規定された、政府による未払い賃金の立替払い制度をご説明した。なんとかお役に立ちたいと思い、短い時間のなか、部分的な情報だけを頼りに、少しでも適切なアドバイスと提案をさしあげようと苦労した。

最終的に、部長さんから社長さんに、「専門家への個別の相談を提案してみる」と言われ、この場でできる最小限の勤めは果たせたかなと思っている。

社会保険労務士が関わる業務について、多くの需要が未だ手つかずのまま市場に置かれていて、その行き場のひとつとして、今回のような無料相談会が利用されているのではないだろうか。少しでも多くの方々に、気軽に我々を利用していただけるような風土の醸成ができるよう、努力していきたいと思った。

日記7 「雇用保険重点指導員」のノルマ

「飛び込み営業」をすることだった

今日はとても気分がいい！

「雇用保険重点指導員」としてのノルマが達成できたからだ!!

厚生労働省の委託を受けて、全国社会保険労務士会連合会が、中小企業を対象に雇用保険3事業にかかる各種助成金・給付金制度等を周知する事業を「雇用保険コンサルティング事業」という。その際、実際に、中小企業からの依頼を受けて無料訪問相談を受けたり、指定した地域で無料雇用保険相談室を開催してその講師を務めたり、といった相談業務に従事する社会保険労務士が「雇用保険重点指導員」。各都道府県社会保険労務士会で毎年数人が選ばれて活動している。

私は運よくそれに選ばれた。本来なら、大喜びで仕事を遂行しなければいけない身分ではあったのだが……。

実態は、と～ってもつらい仕事だった。

雇用保険重点指導員の募集文書の説明では、「雇用保険重点指導員は中小企業の依頼を受けて、各種助成金・補助金の無料訪問相談を受けるものとする」とあった。

これを読んで私は、相談をしたい企業のリストが用意されていて、それにしたがって出向いていけばいいものと勝手に思っていた。「リストが多すぎたらどうしよう」「訪問日程の割り振りを考えて、能率よくこなすことにしよう」などと、夢想していた。

しかし、実態は私の甘い考えとは程遠い、うら寂しさすら感じるものだった。

過去においても現在においても、訪問相談の申し込みをしてくる企業など、まったくと言っていいほど存在しないのだ。正直言ってPR不足なのだ。

県会の事務担当の方々はとても熱心に協力してくれた。私たち雇用保険重点指導員も個人個人でよく動いたと思う。しかし、ピンポイントでの周知しかできていないのが現状だ。私たちが個人的にアプローチした会社以外は、雇用保険コンサルティング事業という名前すら知らないのが現状だろう。誰も知らない制度を利用しようとする人がいるはずがない。

要は、私たち指導員の仕事は、まったく知られていない制度を使ってもらえるよう、飛び込み営業をすることだったのだ。

担当は1人28件

千葉県社会保険労務士会にわりあてられている無料訪問相談の件数は140件。指導員は5人だったので、1人あたり28件がノルマとなった。この件数の企業を訪問して、助成金の説明をしなければならないのだ。

訪問して相談を受ける相手先には条件がある。

① 社会保険労務士が顧問として入っている企業はこの事業の対象外であるので、それが分かった時点で辞去すること

② 千葉県内の企業に限ること

この2点を厳守しなければならない。②の条件は仕方ないとは思うが、①の条件はノルマ達成のための相当な障害になった。なぜなら、このような話に興味をもつ企業はすでに社会保険労務士が関与している割合が高い。せっかく訪問して歓迎されても、それが分かった時点で話を打ちきらなければならないからだ。

最大のハードルが、助成金の説明をした証明として、指定用紙に訪問先企業の名前・住

所・代表者名等が分かるゴム印を押してもらうこと。さらに法人企業の場合は、会社の代表者印（会社の実印で、通称「丸印」）を押印してもらわなければならないのだ。しかし、代表者印、すなわち会社の実印を好んで押してくれる会社などあるわけがない。なかには、社長室の金庫の奥にしまっていて、ここ何年も出したことのないという会社もあった。

説明を聞いているときには非常に感謝してくれていた会社の社長さんが、最後に用紙に押印してもらう段階になって、「これは絶対に悪用されないのだろうね？」と、うさんくさげに聞いてくるといった経験も、1度や2度ではなかった。

また、この事業の実施期間は、表向きは4月から翌年3月までの1年間となっているのだが、事務手続き上の都合から、実際には5月の連休明けから11月末日までの間にノルマを達成しなければならない。

それを、この事業が開始されるにあたっての合同説明会で、初めて言いわたされた。それを聞いたときは、「聞いてないよぅ！」などと、大声を張りあげたくなる気分だった。

信用を勝ちとる難しさ

では、私は実際にどのように活動して、まがりなりにも任務を果たすことができたのだろうか。

最初のころは、自分が関与している会社の社長さんから、知り合いの社長さんを紹介してもらい、訪問機会をつくらせていただいた。この方法だと、社長さんどうしのつきあいもあるので、断られることはなかった。しかし、逆に、私とおつきあいのある社長さん方の負担になっていると感じるようになってきたので、あまり長くは続けられなかった。

次の段階では、正攻法で、地域を決めて飛び込みでアタックしてみた。ただ、私の方針として、アポなし訪問は普段から行なわないことにしているので、電話をかけて了解を得てからの訪問となる。これは、あまりうまくいかなかった。運よく訪問までこぎつけて社長や担当者と会えたとしても、会社の実印を押印していただくよう依頼すると、やはり警戒されてしまうことが多かった。

飛躍的に効果があがった方法は、こっちが客の立場で利用しているお店や会社を訪問するというものだ。たとえば、いつも髪を切ってもらっている床屋さんが暇そうなときを見計らって助成金のパンフレットを持参し、説明をしてしまう。以前から顔を知っている者どうしだし、こちらは普段は大事な「お客様」なわけだから、みなさん、快く協力してくださった。

我ながらがんばったと思うのは、38度の熱を出してかかりつけのお医者さんに診てもらいに行ったとき。決死の覚悟で説明資料と証明書を持参し、「とにかく、この証明書にハンコを押してください」と頼み倒したことだ。医者は、変な患者が来たなと思ったことだろう。

最後に、私が住んでいる地域で会社や商売をされている方々のご協力もとりつけ、なんとかノルマを達成することができた。

今回、雇用保険重点指導員としての活動をとおして感じたのは、信用を勝ちとることの難しさと、信用していただくことのありがたさだ。

社会保険労務士としての仕事をするなかで、少々の慣れも手伝って、顧問先で代表者印を預かって書類に押印することに緊張感をもたなくなりつつあった私だった。それがいかに大変な意味をもっているのかを思い出すことができた。活動に協力してくれた28人の経営者の方に感謝するとともに、日常的に私を信用して印鑑や重要書類を預けてくださる顧問先の方々に対しても、思いを馳せさせられる結果となった。

日記8 「前払い退職金制度」の導入

準備万端で始められる仕事はない

房総交通株式会社の遠藤専務から電話があった。

前払い退職金制度の導入に伴う、現時点での確定分の退職金の一時払いが無事に完了し、社員の方々に振り込まれたとのこと。私は、半年以上にわたった仕事の記憶がフラッシュバックしていくのを感じ、感無量だった。

この仕事を任せられたきっかけは、知りあいである信用金庫の加藤支店長からの一本の電話だった。

「退職金制度の見直しをしようとしている会社があるのだけれど、もし、泉沢さんがそのあたりを守備範囲にしているのであれば紹介できるのですが、どうでしょうか」

私は即座に返事をした。

「はい、私でよろしければ、全力でとりくませていただきます。ちょうど、退職金の見直しについて勉強を進めているところなので、きっとお役に立てると思います」

電話をきった後、私はさっそく退職金制度見直しについての参考書を買い込んだ。

仕事を受けてから勉強を始めるのかと、情けなく思われるかもしれないが、開業後日の浅い社会保険労務士にとっては、「準備万端で始められる仕事などない」と割りきったほうがいい。縁のある仕事は怖気づかずに勇気をもっておひきうけし、その代わり、プロの名に恥じないように、想定される事柄について、自分でやりすぎと思えるくらいの資料収集や事前調査、シミュレーション等を行なっておく。それくらいの図太さがないと、どんな仕事もひきうけることができない。

数日経ち、紹介先の会社である房総交通株式会社からお電話をいただいた。

会社名を聞いたとき、私は少なからず驚いた。房総交通は、当該地域では名の知れた大きな会社だったからだ。数日前には勇んでひき受けた仕事だったが、とたんに弱気の虫がうごめき始める。会社に訪問させていただく予約をとり、電話をきったとき、私の手のひらには冷や汗がにじんでいた。

房総交通本社への初めての訪問の日がやってきた。そこへ行くには、途中で房総交通の交通機関を利用するルートになる。座席に座りながら、私は心拍数があがっていくのを感じていた。

まず退職金制度の実態を把握する

会社到着。玄関を入ると会議室へ通される。いつもそうだが、ここまで来ると、なんとなく落ち着きをとりもどす自分を感じる。

ほどなく遠藤専務が入室された。通常、社長は東京にあるグループ企業内の社長室でお仕事をされていて、こちらには常駐していないとのこと。遠藤専務は、いわば房総交通の大番頭として働いている方なのだ。

遠藤専務のお話をお聞きして、今回の退職金制度の見直しの背景が徐々に見えてきた。

房総交通は従来、地域密着型の交通運輸事業を行なっていて、長い間にわたってその地域で独占的なシェアを誇ってきた。地元の人たちからも愛着をもたれ、良心的な価格設定で健全な運営を続けてきた会社だった。ところが規制緩和の流れもあり、房総交通の守備範囲であった地域に、同業他社が運営の認可を受けて新規参入することが決定してしまった。バックには大資本がついている。利用者減は避けられそうもない。

会社が生き残るためには、さらなる営業努力と経営の合理化が不可欠。そのための一つの手段として、退職金制度をこれからの時代にマッチしたものへとつくりなおし、経営リスクを軽減しようというのだ。

これは、短時間で結論のでる問題ではない。まずは、私が会社の退職金制度の実態を把握するために、就業規則や関係する内部規定を網羅的に受けとらせていただかなければならない。現状でどの程度の退職給付債務が発生しているのかを具体的に計算するためには、全社員の賃金データ等もお出しいただかねばならない。

もちろん、必要なデータをそろえていただいたとしても、それだけですぐに最終的な方針を決定することはできない。

私のほうでは、現状で選択可能ないくつかの選択肢を提示することはできる。しかし、そのどれもがメリットとデメリットを表裏一体として兼ね備えているわけなので、可能な限り広い視野でそれらを見極め、用心深く判断を下さなければならない。

半年にわたって毎月1～2回のペースで房総交通を訪問させていただきながら、話を進めていった。遠藤専務を含めて4人の取締役の方々と私の計5人で、2時間ほど話しあいをつづけ、その結果を社長に報告して判断を受けるというかたちで徐々に結論をだしていった。

ひとつの成功から次の依頼へ

最終的には、今の会計期末でいったん社員全員の退職金を精算・支払いをして、事後発生分は少しずつ賞与に上乗せして支払っていくという、いわゆる「前払い退職金制度」の導入が決定された。

このように、人事制度のなかでも特にお金に関する分野を大改革する際には、従業員の方々に十分な説明をして、その必要性を理解してもらい、また今後の制度のあり方もきちんと把握してもらうことが必要だ。

会社側からの一方的な通告であるとの印象をもたれてしまうと、従業員の方々全員の士気に影響してしまう。制度は合理化されても生産性が著しく落ちてしまうという、本末転倒な事態を招きかねない。それでは、新しい制度を導入する意味がまったくなくなってしまう。会社が生き残り、経営を安定的に続けていくための制度改革が、つまるところ雇用の安定にもつながり、従業員の方々の今後の生活を支える基盤になるのだという意義を、実感として分かってもらう必要がある。

房総交通の管理職の方々にはご面倒をおかけしたが、社員全体の説明会、その場での質疑応答、個別説明会、個別の質問状への対応等、念には念を入れて合意形成への配慮をお願いした。その結果、社員全員から退職金制度変更についての同意書を得ることができ、大きなトラブルもなく導入は成功に終わった。

遠藤専務とは、電話越しにひとしきりその思い出話をした。

半年間とはいえ、根をつめた話しあいを何度も重ねてきた間柄だけに、私は彼に連帯感のようなものをおぼえていた。大きな仕事をやり遂げた喜びと、ひとつの仕事が終わってしまった一種の寂寥感を同時に感じていた。その気持ちを見透かしたかのように、遠藤専務は次のように続けた。

「そうそう、退職金の問題は今回うまくいったので、社長は次の段階に進みたいようなのですよ。ウチの賃金体系は戦後ずっと手を加えていないままの状態なのですが、これも時代にマッチしたものに手直しする必要があると言うのです。つきましては、泉沢さんに続けてお任せしたいというのだが、よろしいでしょうか」

今度は自信をもってお答えすることができた。

「私でよろしければ、全力でその仕事に当たらせていただきます」と。

第5章　合格者は今

「してくれる」のを待つのではなく、自らとりくむ

及川社会保険労務総合事務所　及川　清子

「この仕事を生業にするんだ」という強い意志

開業登録から早や21年。社会保険労務士22年目に突入した。さて、近年、社会保険労務士という国家資格、受験人気がとても高くなっている。資格さえ取得すれば独立開業ができるということで、合格すると即退職してしまう方がいらっしゃるようだ。

でも、ちょっと待ってほしい。老婆心ながら、やはり十分な準備（目的と心構えを含め）をしてからスタートしてほしい。できれば、3年間食いつなげるだけの資金がほしい。あるいは、アルバイトをしてでも諦めず、何としてでもこの仕事を生業にしていくのだとい

う強い意志がほしい。消えた人、残った人、周りを見ていて感じることだ。

大事な企業における「コンプライアンス」

最近よく耳にする言葉に「コンプライアンス」（法令遵守）というものがある。この当たり前のことに、日々苦労しながらとりくんでいるのが社会保険労務士の現実ではないだろうか。

税金は昔風にたとえるなら、「お上から強制的に課され、逃れられないもの」という意識をほとんどの人がもっており、そこから外れたら脱税（脱法）行為であり、罰を受けるということも知っている。したがって、税に対するコンプライアンスは確立している。

では、同じようにコンプライアンスを求められる労働・社会保険の分野では、なぜその形成が遅れているのだろうか？

根本は法の権威（絶対性）に対する認識の違いと、社会保険制度に対する信頼度の低下ではないだろうか。労働者を使用することにより発生する使用者の法的義務が、任意あるいは恩恵的に付与するものであり、使用者側に裁量権があるかのようにとらえられていることがあるように感じる。

社会保険制度は強制適用でありながら、現実はそうなっていない。重い保険負担の不公平感をいっそう強めると同時に、給付に対しては安心を約束されないことへの不満・不信を拡大している。しかし、これは法治国家である限り個人の判断に任されるものではない。逆選択が許されるなら、制度そのものの継続が不能になる。コンプライアンスが声高に言われるようになってきたのは、法に反することによる、そのリスクの大きさを思い知らされる場面が増えてきたからではないだろうか。

超過労働に対する賃金の不払い、労働条件の不利益変更、解雇権の濫用等々、使用者側の裁量でできるものではないことが、だんだんと理解されつつあるのだと思う。法は守った側を保護してくれる。その当たり前のことに、ようやく気がつき始めたということだろう。

その一方で、現在、厚生労働省が進めている労働契約法の制定論議に、経営法曹会議のプロジェクトチームから、労働契約法は強行規定ではなく任意規定にすべきであるという「今後の労働契約法制のあり方について」の研究報告が出されたことは、注意深く見守る必要があると思う。

社会保険労務士法の目的である第1条には、「この法律は、社会保険労務士の制度を定めて、その業務の適正を図り、もって労働および社会保険に関する法令の円滑な実施に寄与するとともに、事業の健全な発達と労働者等の福祉の向上に資することを目的とする」と謳《うた》っている。

社会保険制度の「本来あるべき姿」は、事業が健全に発達し、それが労働者の福祉の向上に資するということであるなら、私たち社会保険労務士は、法制度の趣旨をよく理解・熟知のうえ、コンプライアンスを心がけ、業務が適正に図れるよう、事業所に働きかけ、理解してもらうことが重要であり、責務になる。

事業所が社会的責任を自覚し、コンプライアンスに則った労働者との健全な関係が構築できるよう、お手伝いし、少しずつでもよりよい社会への発展へと寄与したいものだ。

ここでのキーポイントは、企業におけるコンプライアンス。就業規則のプロ特化をめざすもよし。

顧客獲得後のフォローをどうするか

開業してまず不安なのは、経済的な基盤が確立できるのかどうかだと思うが、顧客獲得の方法は「いろいろな方がおっしゃるとおり」としか言いようがない。さまざまなノウハウを仕入れ、自ら試みることだと思う。現在はＩＴ戦略、あるいは法人化も可能になり、地域間の距離というものがそうハンデにはならない。得意分野をもち寄り、あるいは近隣士業同士がネットワークを構築し、全国展開することも可能な時代といえる。そこで、自分はどのようなポリシーをもち、どのような顧客をターゲットにするのかという方向性を決めることが必要かと思う。

新米社会保険労務士の不安には、顧客が獲得できた後のフォローをどうしたらよいのかということもあるだろう。それなりの規模であれば必然的に手続業務があるだろうから、顧客との接触は何とかもつことができる。しかし、少人数事業所との契約の場合は、きっかけがないとなかなか難しい。そこで、定期的にコンタクトがとれ、顔がだせる態勢を積極的につくる努力が必要になる。

一般的だが、次の2点が有効かと思う。

① ワンポイントニュース等の発行

② 給与計算事務を包括して受ける

昨今は、3号業務（コンサルタント業務）こそが社会保険労務士の仕事であると、はじめから手続業務を軽視しがちだが、原点はここにあり……だ。小さな事業所にとっては、オールマイティに小回りの利く相談者が求められる。もちろん、自分が何でも答えられるものではない（答えることが危険な場合もある）。しかし、それが他士業の分野であれば、その交通整理をする役目ができる。

「○○さんに聞けば、『これは○○先生に相談しなさい』と振り分けてくれるから助かる」となれば信頼されるだろう。「その顧客は何を求めているのか」「どういう考えをしているのか」を常に察知できる感性を磨くことが大事だ。

同じ情報でも、受け止め方、理解の仕方が異なることも多々ある。

目・耳からの情報を、自分だけの理解でよしとせず、他人の目・耳をとおした理解法も、できれば知っておくことが大事だ。そのためには、進んで人が集まるところに出て行ってほしい。経験が浅いうちは、さまざまなところで疑似体験なるものを仕入れ、自分のものとして加工・消化するのも手かと思う。

私は、社会保険労務士業にはどんなことでも無駄がないと思っているので、目先の損得に走らず、すべてこれからの肥やしにする意気込みで人と係る場をもってほしい。あんがい、近くに協力してやっていこうという心強い仲間ができるかもしれない。

ここでのキーポイントはきめ細やかな相談者への道。

小零細事業所がターゲットなら、試算表・決算書の見方ぐらいは知っておこう。あり余るほどの雑学も無駄なし。また、近隣士業ではどのような業務を行なっているのかを知っておくことも大事だ。行政書士、司法書士、税理士等との人脈づくりも有効。もちろん、ギブアンドテイクを心がけること。

求められる、時代により即した対応

私たちを取り巻く環境は、規制緩和に加え、業種を問わず官から民への流れのなかにある。2007年2月末日現在の開業社会保険労務士は、1万9532人。法人会員数229。他士業も似たり寄ったりの会員数だが、税理士は社会保険労務士の3・7倍もの会員を有し、事業所関与率も50％を優に超えている。我々社会保険労務士の事業所関与率は残念ながら35％台。これから開拓の余地が残されていると捉えるべきか、それほど必要とされていないと捉えるべきなのか、意見の分かれるところかもしれない。旧態依然としていては、生き残れる保障も発展もない。

社会保険労務士の世界も時代は電子申請化や、司法制度改革の推進により、ＡＤＲ（裁判外紛争解決手続）に関する代理権取得への方向へと進んだ。

ＡＤＲの代理権取得は、必ずしも諸手を挙げて喜べる制度とはなっていない。しかし、弁護士会からの懸念云々に対する払拭のためばかりではなく、我々自身が法の原理を理解し、公正な立場での判断能力を身につける必要がある。いわゆる能力担保（研修・試験）は不可欠といえよう。能力担保いかんによりＡＤＲを扱える社会保険労務士（特定社会保険労務士）とそうでない社会保険労務士に2分されることは望ましいかたちとは思えないが（それは次の課題になるであろう）、今後は、より時代に即した対応可能な社会保険労務士が求められていくことは否めない。

いずれにせよ、独立開業し、社会保険労務士を生業としていくのなら、誰かが何かをしてくれることに期待するのではなく、自からとりくむ姿勢が必要だ。

とはいえ、個々では限界がある。したがって、これから続く人たちの事業基盤の強化・充実・発展を図るためには、連合会が現在掲げているアクションプラン3ヵ年計画（連合会ＨＰ参照）を、各単会が実践的にとりくまれることを強くお願いしたい。延《ひ》いては、自からもその目的達成のために力を尽くさなければならないと思っているところでもある。

究極の商品は「自分自身」

社労士小林マネジメント事務所　小林　美香

顧客開拓から集金まで自分が担う

社会保険労務士（以下、社労士）業に携わって、まもなく10年を迎える。業務をこなし、頻繁に行われる法改正への対応に追われ、振り返ればあっという間だったように思う。でも、気がつけば、社労士になる前に3社も会社を変えた私にとって、社労士業はもっとも長い職歴になっている。現在、職員はいないが、自宅近くに仕事場を借り、社労士業で生活している。会社員時代もとても楽しく有意義だったが、やっぱり今は「社労士になってよかった」と、まだまだ発展途上の段階ながら思っている。

社労士として開業登録したあとは、どこかで勤務するケースを除いて、たいがいは個人事業者として自分の社労士事務所をひとりで切り盛りすることになる。そのとき、会社員だった多くの方が面食らうのが、まずは仕事を得るところから始まって、最後きっちり集金するところまで、まさに「何から何まですべて自分が担う」という点ではないだろうか。

どんなに仕事ができても、仕事をさせてくれる相手がいなかったり、仕事をしても報酬をきちんと払ってもらえなかったりしたら社労士業としてなりたっていかない。職員を雇うにしても、その手配・採用・教育を自らが行なうことになる。個人事業者としてのあらゆる仕事をこなし、そのことに醍醐味を感じながらとりくんでいける感性と覚悟が必要だと思う。

どこまでも「人・対・人」の世界

実際に商品を見せることができない社労士業において、究極の商品は「自分自身」だと思う。「この人に仕事をまかせよう」と、思ってもらえることがこの仕事の始まりで、「この人は信頼できる。会社にとって有益だ」と思いつづけてもらえることが継続の条件だと感じる。

商談で初めて会社の方と会うときは、今でもいちばん緊張する。相手が社労士に対し、「どんな仕事をどこまで望んでいるのか」「実際どのくらいの業務量になりそうなのか」「どのくらいの報酬を想定しているのか」などを、いやな感じを与えずに聞き出していかなければならない。そのズレが大きいと仕事に結びつかなかったり、あまりにも割にあわない仕事になってしまったりという結果になる。仕事のとっかかりのこの部分だけは、誰かに代わってもらうことも、会わずにメールですますこともできない。「人・対・人」の世界なので、得意とは言えなくても、せめて人と話すことが苦にならない程度でないと、開業社労士として個人でやっていくには厳しいかもしれない。

また、いざ顧問になって、日常業務はメールや電話でやりとりするようになったとしても、やはり顔をつきあわせて話す機会を設けるのと設けないのでは存在価値が大きく異なるように思う。うかつに、周囲に本音や弱音を吐くわけにはいかない中小企業の経営者さんにとって、社労士という存在は、意外とちょうどよい相談相手やはけ口として重宝がられるということだ。

また、対お客さんに限らず、支部等を通じて多くの社労士と親しくなったり、他士業にネットワークをもつことで、仕事の幅が大きく広がることも言うまでもない。社労士業のすべての分野に精通することはとても難しいことだが、教えを乞える先輩や、お互いに助けあえる社労士仲間に恵まれたからこそ、私もここまで何とかやってこられたのだと感じている。

優先順位をつけて、フットワークよく動く

就業規則や助成金、給与計算など、予めある程度計画的に進められるものはよいが、社労士の仕事には、突発的なものがけっこう多くある。

「労災事故が起こった」「今日から人を採用した」「急に退職者が出た」「社員に子どもが生まれた」「至急、職安に求人を出したい」など。すぐに手続を迫られた場合、たったひとりで切り盛りしている者としては時間のやりくりが決め手になる。

即座に優先順位をつけ、スケジュールをくみたてる。身体はひとつ、1日は24時間、まして役所は平日の9時~5時しか開いていない。そんななかで、お客さんに「なかなか手続してくれない」と思わせることなく対応するとなれば、限られたその時間をどう効率よく使うかにかかっている。

ポイントは、メールや電話、FAX、郵便などをうまく使うことと、移動にかかる時間

を極力減らすこと。すぐに着手できないときも、「いつ、どうするのか、その間どう対処しておいてほしいか」をお客さんに伝えておくことが大切だ。

提案や説明・説得に使える具体的な事例を豊富にもつ

社労士の仕事には、法改正への対応はもちろん、時代の流れや世相を反映して、お客さん（企業）に対し、それまでの規則や制度、慣習等の改革や変更を提言しなくてはならないことが多々ある。ときには、事業主さんの考え方そのものを切り替えていただかなければならないこともある。

そのときに、単に、「法律がこうなんだからそうしなければならないんだ」という姿勢では、なかなか納得していただくことは難しい。逆に「融通のきかない頭の固い社労士だ」と言われてしまう。

やはり、そこは、「こういう裁判においてこのような判例がある」「こんなトラブルがおきて、経過はこうで、最終的にこのように決着した」「こんな制度をこのように運用して成功した会社がある」など、ある程度、具体的な事例や対処法を挙げることができると説得力がまったく違う。

まして、私などは世間的にみたらまだまだ若輩。自分の理論で説明するよりも、年上の経験豊かな事業主さんに対してはずっと効果がある。

事例の仕入先としては、まずは書物や新聞など、各メディアがある。ただ、そういった事例は知識としては必要だが、使い方を間違えると、いかにも「聞きかじってきました」という印象を与えたり、それらの多くが大企業における事例であるために、私たちが日頃おつきあいする中小零細企業にはまったくあてはまらないものであったりするので気をつけなければならない。

その点で、実際に身近に起こった生の事例は貴重だ。自分自身の仕事をとおして蓄積していくことはもちろんだが、身近な社労士同士でそれぞれの事例を共有していく環境があれば、生きた事例がより多くストックできる。

また、各会社を訪れたとき、私は常にいろいろなものをこっそり観察している。机の配置や使っているタイムカードの形態、書棚にある本、社員に話すときの社長の口調、社員同士の会話内容や来客対応、出入りする業者などなど。そんなところにもさまざまな話題や情報、ヒント、事例の種がかくされている。

私たちは社労士として仕事をつづける限り、刻々と変わる法律や時代の流れに迅速に対応しつづけていかなければならない。あくなき情報収集と日々勉強を要求される仕事といえるだろう。しかし、これからはさらに一歩進んで、「対応する」だけにとどまらず、社労士が「中小企業の労務管理の実情や問題点をもっともよく知る立場の者」として、逆に「法律や時代に影響を与え、動かしていく存在」にまでなっていく必要があるのではないだろうか。

その役割を果たすためにも、私たちひとり1人が常に自己研鑽《けんさん》を重ねていくことはもちろん、これまで以上に「社労士会として団結し、力をあわせ、声をあげていくこと」が必要不可欠であると感じている。

営業職から開業――社労士・行政書士に

宮地労務行政事務所
宮地　辰彦

就職で一時中断の受験勉強

学生の頃アルバイトをしていて、給与明細書を見た。そのときに、時間外手当や深夜手当、保険料や所得税などたくさんの項目があり、単純に「この手当や保険料っていったいなんだろう」と興味をもったことが事の発端だ。

その後、労働法や社会保障法に興味がわいてきて、いろいろ調べているうちに「社会保険労務士」という資格があることに気づいた。

社会保険労務士になるためには試験を受けて合格しなければならないが、試験科目の多さに圧倒され、しだいに「社会保険労務士」という言葉が頭のなかから消えていった。

しばらくの間、社会保険労務士のことは忘れていたが、ふとしたきっかけで「社会保険労務士」という言葉が再び浮かんできた。そのとき、勉強時間が十分確保できる状況にあったことから、翌年の試験合格に向けて勉強しようと思い立った。

社会保険労務士試験に合格するための最短コースは、いわゆる資格試験予備校なるものに通って計画的に勉強することだと当初から考えていた。しかし、近隣にそのような学校がなかったので、最初の基礎講座は通信で受講した。

最初のうちは何とかこなしていた。だが、やがて就職が決まり、会社員生活が始まった。慣れない環境のなかで仕事に一生懸命とりくんでいたので、帰宅しても疲れていて机に向かうことが少なくなった。しだいに未消化の教材の山ができてきた。そうしているうちに本試験の日が近づいてきた。その当時、本試験は平日（7月最終火曜日）に行われていた。新入社員でまだ有給休暇のない私が、平日に休むことなどできるわけもない。結局、その年は受験をせず、その翌年も、まったく勉強できる状態ではなかったので受験しなかった。

その後も、しばらくは仕事に追われる日々が続いた。しかし、入社して1年半が経過し、仕事にも慣れ、自分の時間をつくることができるようになってきた。そこで、改めて社会保険労務士試験に向けての勉強を始めた。

「合格」の2文字を勝ちとる勉強方法

初期：12～3月

本来であれば、基礎講座を再度受講してしっかりと基礎学習をし、答案練習さらには模擬試験と勉強を進めるところなのだろうが、私はいきなり答案練習から勉強を始めた。週1回、電車で片道1時間かけて通学し、他の受講生といっしょに答案練習をする。

答案練習で久しぶりに問題文に接したので、問題文の主旨を読み違えたり、文末を見落としたりして不正解がたくさんあった。しかし、この時点で間違えたことそれ自体はそれほど大きな問題ではなく、その間違いの原因をきちんと理解して、次に同じ問題が出たときに間違わないようにすることが大切だ。

中期：4～6月

中期はより実践的な答案練習の時期だ。

本試験同様に5肢のなかから正答を導き出す力を養う。私のとった解答方法は、まず問題文を読んでから間違っていると思ったところに下線を引き、5つの肢を読み終えてから正答となる可能性がある肢を選び出す。5つの肢のなかで2つないし3つは明らかに不正解と判断できるケースがかなり多くあるので、残った肢をもう一度読み直して、正答を導きだした。正答を導きだす方法は人それぞれ違うので、自分にあう方法を早く確立することが重要になる。

直前期：7〜8月

ここからはより本試験を意識して、時間配分を念頭においての実践練習と、全科目をチェックする時期になる。直前期はどの資格試験予備校も模擬試験を行っているので、習熟度をチェックする意味で2回程度は受けてみよう。私は、受けてみて間違ったところ、正解だけど理由づけが間違ったところを、試験までの残り期間で重点的に勉強した。

そのようななかで、8月に入って、ある重大なことに気づいた。

「年金二法（国民年金法、厚生年金保険法）の点数がまったく伸びてこない！」のだ。

これでは、いくら他の科目ができていても合格が遠のいてしまう。

合格に向けて「お盆の期間は年金二法のみに集中する。他の科目はその後本試験までにサッと確認する」という奇策に打ってでた。

合格の2文字を勝ちとるためには正攻法だけではなく、常識を覆すような勉強法もときには有効であるということが、この後証明されることになる。

1回の受験で合格、「勤務等登録」をする

本試験受験までの紆余曲折を経て、そして、直前期の奇策が功を奏してか、1回の受験で無事、合格証書を手にすることができた。8月の本試験を常に意識して、ひたむきに勉強したことと、合格への執念が最後の1点をとりにいったのだと思った。

試験合格後に社会保険労務士として登録するには、会社等で2年間の労働社会保険事務に関する実務経験を積む、あるいは、全国社会保険労務士会連合会が主催する事務指定講習を受講する、の2つの方法がある。私は事務指定講習の受講を選択した。

この事務指定講習は、約4ヵ月の間に与えられた通信課題にとりくみ、その後、4日間連続で集中講義を受講するというもの。会社等に勤務している方は、この4日間の集中講義に出席するために休暇の調整が必要になり、非常に苦労する。私も例外ではなく、連続休暇をとるために約2ヵ月前から上司に打診しておき、休暇前は仕事の調整をした。

事務指定講習が無事に終了し、翌年1月に社会保険労務士として登録した。私は営業職として勤務していたため勤務等登録だ。登録後は各都道府県会の会員になるとともに、支

部の会員になる。都道府県会では研修会をはじめとするさまざまな行事があり、勤務等会員の私も何度か参加した。支部では街頭年金相談や研修会など、より地域に密着したかたちで活動している。

こうした活動に参加していくなかで徐々に「開業」という2文字が大きくなっていき、開業を真剣に考えるようになった。人それぞれタイミングというものがあるが、私は「30歳になったときの自分の姿」を想像して、そこから逆算する方法で開業の時期を考えた。

開業にあたって必要なもの

開業するには事務机、電話、パソコン、書棚など物理的に最低限必要なものがある。さらに、これ以外にも開業にあたっていくつか必要と感じたものがある。

① 大胆な行動力、柔軟な思考力

開業当初に限らず、独立開業すると予期しない出来事にぶつかることが多々ある。そのなかには瞬時の決断を要するものもある。そこで思いきった決断をすることができるかどうかが、たいへん重要な要素といえる。

また、1・2号業務（書類作成・提出代行業務）でもそうだが、とくに3号業務（コンサルタント業務）は高度の思考力を要求される業務だ。ある課題を一方向からだけでとらえるのではなく、さまざまな方向からとらえて、解決策を導きだす力が必要となる。

② 多彩な人脈

同じ業界・世代の人だけでなく、他の業界・世代の人とも多く接して、自分の存在を知ってもらうことが大切だ。独立開業といっても、すべてが自分ひとりでできるわけではない。さまざまな人と接していくなかで事業が成りたっていくわけだから、人脈は成功への大切な要素のひとつだ。

ときおり、「自分には人脈がない」と思っている人がいるが、そのままでは何の進展もない。人脈がないと思うなら人脈をつくって広げる努力が必要だ。交流会やセミナーなどに積極的に参加して、そこで出会った人に話しかけてみよう。特にセミナーは、参加者それぞれがセミナーテーマに焦点を当てて目的意識をもって参加しているから、話しかけやすいと思う。

人脈が広がっていくことはすぐには実感できないが、小さなことの積み重ねが徐々に人脈を広げていくことになる。

③ ホームページの開設

高度情報化社会においては、士業も例外ではなく、ホームページを開設している事務所が多くなってきた。ホームページは24時間365日働く優秀な宣伝担当従業員。できることなら開業当初から事務所のホームページを開設しよう。私も開業当初から事務所のホームページを開設している。

「ホームページを作成する知識がない」ということでホームページを開設していない方が多くいるが、今はパソコン初心者でも簡単に自分のホームページを作成することができるとても便利なソフトが多く販売されている。私もパソコンにそれほど詳しいわけではないので、ソフトを使って作成・維持管理をしている。

自分で作成するのが面倒という方には、ホームページ制作を請け負っている事業者がたくさんあるので、サービス内容と価格を十分検討して、自分にあった事業者を選択されるといいと思う。

また、最近はホームページだけでなく、メールマガジンやウェブブログ（インターネット上で公開される日記のようなもの）などを多用して、効果的に宣伝している方もいる。インターネット上での積極的な営業を検討されている方はチャレンジしてみるといいだろう。

社労士・行政書士として開業

開業の時期を考えていた私に「ここしかない！」という時期が訪れた。退職願い提出という大きな決断をし、業務引き継ぎを終えて退職し、すぐ開業。このとき私は27歳、地域の開業者のなかでは最年少だった。士業の事務所勤務経験がなく、事務職経験もなく、しかも、まだ20代ということもあって、かなり異色の存在であったと思う。

すべてが初めてのことで、毎日が驚きの連続。わからないことにぶつかることが毎日続いたが、書籍や行政窓口で確認し、間違いのないようにした。慣れない仕事はどうしても時間がかかるが、何度も同じような業務をしていると、たとえイレギュラーなケースでもポイントがわかってくるので、しだいに業務効率は向上していく。

現在は、地元企業を中心に労働保険・社会保険の事務代行、労使紛争を未然に防ぐ就業規則の作成や労務管理相談などを行っている。また、行政書士を兼業しているので、建設業や廃棄物処理業などの許可申請、商取引に関するさまざまな契約文書の作成など、実に幅広い業務をしている。依頼された業務をていねいに行ない、また、こちらからあれこれ提案をして、依頼者のために少しでもお役に立てたときはほんとうに嬉しいものだ。

金融機関で年金相談をする

信用金庫勤務　佐藤　正一

「難解な年金制度」がより複雑・多岐に

わが国の公的年金制度は、公務員（共済組合）、民間企業で働く人（厚生年金）、自営業者（国民年金）等、加入する年金制度で異なる多元的な年金制度として発展してきた。

しかし、この各職域別の多元的な公的年金制度のもとでは、21世紀の超高齢社会で安定した老後生活を確保することは困難な情勢となった。そこで、1986（昭和61）年4月に、将来の年金制度の一元化をめざした公的年金制度の大改革が実施され、「新年金制度」がスタートした。

1994（平成6）年の改革では、新年金制度のスタートのときから懸案となっていた年金の支給開始年齢を、段階的（部分年金）に65歳に引き上げる改正が行われた。

旧年金制度の経過措置と新年金制度のもとで、新たに経過措置が設けられ、「難解な年金制度」は、より複雑・多岐にわたる年金制度となった。

わが国の公的年金制度加入者の9割は、自営業者等（国民年金の第1号被保険者）、民間企業に勤務するサラリーマン（厚生年金保険の被保険者・国民年金の第2号被保険者）、被用者年金の加入者の被扶養配偶者（国民年金の第3号被保険者）によって占められている。つまり、国民年金と厚生年金保険で加入者の9割を占め、残りを4つの共済組合が占めていることになる。

また、年金受給者の8割は老齢給付の受給者である。それゆえ、国民年金と厚生年金保険の老齢給付に関する知識は、社会保険労務士にとって業務に必要な知識であり、継続して勉強していく必要がある。難解な年金制度だからこそ、やりがいと報酬につながると思う。

私は、1999（平成11）年に社会保険労務士試験に合格し、翌年、年金アドバイザー3級、2級を取得した。現在、金融機関で年金相談を主に、健康保険・失業保険を扱っている。

年金相談業務と社労士の業務

一定の業務に関して国家資格制度が定められている場合、その資格のない人がその業務を行うことは禁止されている。これは、社会保険労務士ばかりでなく弁護士や税理士など、他の「士業」とも共通している。

年金相談や年金の裁定請求に関する業務を職業とする専門家は開業社会保険労務士だ。しかし、年金相談の業務は、社会保険労務士の専業業務から除かれているため、相当の年金に関する知識を有している人であれば、年金相談に応ずることはできる。

しかし、それは年金に関する相談・指導の業務に限定され、「裁定請求書」等の書類の作成や「裁定請求書の提出代行」の業務をすることは、社会保険労務士法に触れることになる。

したがって、金融機関等の職員の行う年金相談業務も「相談・指導の業務」の範囲に限られ、具体的に裁定請求書の作成や提出代行に関しては、その助言やアドバイスに止められる。

その意味で、資格をもっている方は、金融機関に積極的に「相談・提出代行」の仕事を頂きに行かれてはいかがだろう（本来、最終的な裁定請求書等の書類の作成やその提出は、本人自らが行うことが原則とされている）。

年金相談員に必要な年金知識

年金相談員として働くとき、現行の国民年金や厚生年金保険および共済組合等の年金に関する知識だけでなく、過去に実施されていた事項に関する知識も必要となる。これは、年金給付の中心である老齢給付が、過去の長期間の保険料納付等を年金受給の要件としているからだ。

たとえば、国民年金の付加保険料は現行では第一号被保険者だけが納付できることとされている。しかし、1986（昭和61）年3月以前には、サラリーマンの配偶者も任意加入している場合は、付加保険料を納付できた。当時、納付していた人も多く、このような人が相談に来訪されることも少なくない。

また、現行の国民年金や厚生年金保険も、年金の法改正のたびに複雑な改正がくりかえされ、「複雑な年金制度」に変化してきた。したがって、年金の知識の習得にも相当の努力が必要となってきている。

この複雑で難解な年金制度を、相手の理解度を勘案しながら、一般の人々にわかりやすく説明することも年金相談員の役割で、これがもっとも難しい。

年金に関する知識の程度や範囲は、その必要に応じたレベルにあわせて区分することができる。公的年金制度のなかで、その土台となるのが国民年金の知識。ついで、厚生年金保険の知識。共済組合等の年金知識は高度の知識といえる。

年金受給者の8割以上を占める年金給付に関する知識は不可欠の年金知識だが、「遺族給付」や「障害給付」に関する知識も重要となる。

また、公的年金制度を補完する国民年金基金や企業年金（厚生年金基金や税制適格退職年金）、新しい確定拠出年金、確定給付型企業年金などの知識も、今後はその重要性を増すだろう。

私は、社会保険労務士として年金相談業務を行うだけでも開業してやっていけると思っている。もちろん、それには「日々勉強」は言うまでもない。

「退職金制度の変更にとまどう」社員の相談に

損害保険会社勤務
前田　淳造

資格を生かした仕事がしたい

私が社会保険労務士（以下、社労士）の資格をめざすきっかけは、ＦＰ（ファイナンシャルプランナー）の資格を取得したときだった。当時、証券会社で営業をしていた。ちょうどバブル崩壊から数年が経ち、証券の仕事より何か資格をとって、資格を生かした仕事がしたいと思った。金融の仕事をしていた関係で、身近な資格であったＦＰの勉強を始めた。

ＦＰの試験科目は金融・保険・ライフプラン・不動産・税金・相続と、全部で６科目ある。

ＡＦＰ（アフィリエイテッド・ファイナンシャル・プランナー）の資格を取得し、６科目ひととおりの勉強をしたが、いちばん苦手というか、理解できなかったのが、年金・健康保険等の社会保険の分野だった。

ＦＰにはＣＦＰ（サーティファイド・ファイナンシャル・プランナー）という上級資格があり、それに挑戦しようと思った。ＣＦＰは科目ごとに試験があり、ライフプランに合格するためには、年金をはじめ社会保険の分野の理解は必要不可欠だった。ＡＦＰでは何とかごまかし（？）てパスしたが、ＣＦＰではそうはいかない。腹をくくってＣＦＰ講座のライフプランの講義を受けた。そのとき教えていただいた講師の方の話がわかりやすく、年金に対する私の姿勢が１８０度転換した。ＣＦＰも１回の試験で無事にクリアし、さてここから何を勉強しようか考えた。

年金に対して興味がでてきたところだったので、「より専門的に勉強したい」と思った。では何をめざすかと考えたときに出会ったのが社労士の資格だった。

証券会社が廃業し、大手金融機関へ

私の場合、社労士の資格は独立開業のために取得したわけではない。年金を中心に、資格取得のために学んできた知識を仕事に生かせればそれでいいと考えていた。ＣＦＰ合格後、1年間社労士受験のための勉強をした。運よく社労士の試験も1回で合格した。会社は変ったが、合格後もしばらく証券関係の仕事に従事していた。しかし、社労士の資格を生かした仕事ではなかった。実務経験がなかったので、全国社会保険労務士連合会主催の事務指定講習を受講し、非開業の社労士の登録をした。CFP・社労士の受験勉強のために通っていた予備校のOB会から執筆の仕事を受け、執筆者のプロフィールに「社労士」の肩書きを載せるためだった。私にとって資格を生かした最初の報酬だった。

原稿を書いていた当時、2001（平成13）年6月に確定拠出年金（日本版401k）法が成立した。確定拠出年金とのつきあいはここから始まった。

何の因果かわからないが、社労士の登録をした翌月、私が働いていた証券会社が廃業することになった。2001年11月のことだった。前月には確定拠出年金制度の企業型がスタートし、大手の企業が自社の退職金制度として確定拠出年金制度を導入しはじめたころだ。

翌年の2002（平成14）年1月からは、個人型の確定拠出年金制度がスタートし、本格的に確定拠出年金制度が始まった。廃業に伴い次の仕事を探さなければならないとき、たまたまその廃業する証券会社から紹介いただいた仕事が、現在、従事している大手金融機関の確定拠出年金運営管理機関のカスタマーセンターの仕事だった。

確定拠出年金制度の最大の特徴は年金資産を自分で運用し、運用の成果を将来、年金または一時金で受けとることだ。証券会社で働いた経験と、FP・社労士の資格取得のために勉強してきたことがそのまま生かせる仕事だと思い、迷わず応募した。

「確定拠出年金制度」への問いあわせに対応

2004（平成16）年は5年に一度の年金改正の年だった。保険料の負担増、給付の抑制、国民年金の保険料未払い問題など、将来に対する不安は増すばかりだ。その公的年金を補完するものとして企業年金がある。代表的なものとして、今までは、厚生年金基金・税制適格退職年金があった。

2002年4月の確定給付企業年金法の施行に伴い、この企業年金も大きく変わることとなった。企業年金はあくまでも退職金の積み立て手段であり、それを将来一時金として支払ってもらうか、年金として受けとるかということだ。企業は、将来の支払いに備えて、毎月の掛金を社外で積み立て運用するわけだが、バブル崩壊後、株式相場の低迷や超低金利で運用がままならず、多くの企業で積立不足が発生した。要するに、将来、従業員に退職金または年金を支払うためのお金が十分に用意できていないということだ。

さらに、2000（平成12）年4月から適用された「退職給付会計」から、この積立不足は企業本体の貸借対照表の負債に計上され、企業の財務諸表に影響を与え、企業の収益を左右することになった。これら企業年金を採用している多くの企業で、退職金制度の見直しがなされている。

厚生年金基金は代行返上または解散、税制適格退職年金は2012年3月までに、確定拠出年金や中小企業退職金共済制度等への移行、または制度を廃止して他の退職給付制度に切り替えられることとなる。

退職金制度の見直しは就業規則の退職金規定の変更が不可欠であり、変更された就業規則は労働基準監督署への届出が必要となる。

退職金は従業員の退職後の生活保障であり、公的年金を補完する老後の必要資金の一部でもある。退職金制度の見直しにあたっては、従業員にとって不利益な変更にならないようにすること、また、公的年金等の社会保障制度などとあわせて考えていく必要がある。

そこで、この退職金制度の見直し、新しい制度の導入にあたって、年金の専門家である社労士が相談を受けたり、導入にあたってのコンサルティングを行うケースがある。

今までは、退職金・企業年金の運用については企業が責任をもって運用し、積立不足が発生しても企業が不足分を補填してくれた。ところが、確定拠出年金は会社が出してくれた掛金の運用の責任を個々の従業員が負わなくてはならず、運用のよしあしで、将来、自分が受けとる退職金・年金が多くなったり少なくなったりするのだ。確定拠出年金が自己責任の制度といわれるのは、この運用の責任を自分で負わなければならないところだ。

現在は過去に例のない超低金利の時代。今まで銀行の預貯金しか知らない方が、いきなり投資信託・外貨資産などで運用しろと言われてもとまどいがあるのは当然だ。安全に預貯金で運用すると資産がほとんど増えず、逆に投資信託で運用すると資産が大きく目減りするリスクがある。

この退職金制度の大きな変更にとまどう従業員の方から、ご相談を受けるのが私の仕事だ。公的年金と確定拠出年金とのかかわり、資産の運用相談、老後のライフプラン等、相談はさまざまだ。

確定拠出年金制度には、自営業者等の国民年金1号被保険者と、企業年金のない会社の従業員が加入できる個人型がある。1号被保険者の場合は、公的年金からは老齢基礎年金しか受けとれないが、その公的年金を補完するために個人型に加入することができる。そのような方からも加入に関する相談を受ける。

複雑な年金制度に高まる社労士の役割

ＦＰの資格取得に向けて勉強を始めた7年前までは、自分の給与明細など細かく見たこともなく、給料日に「今月はこれだけ銀行に振り込まれるのか」と思うだけだった。

年末にでる「源泉徴収表」の中身についても、なぜこれだけ税金をとられるのか、その根拠についてもさっぱりわからなかった。

当時は、年金のことなど知る由もなく、「なぜこんなに厚生年金の保険料がとられるのか？」「雇用保険？　失業保険じゃないの？」「会社を辞めたら失業保険からいくらでるの？」など、その程度のレベルだった。ＦＰの勉強を始めて、それらの疑問が解決できた。

私が前職で加入していた「厚生年金基金」はすでに「解散」し、連合会に引き継がれている。また、現勤務先の「厚生年金基金」は「代行返上」した。この「解散」と「代行返上」した場合、将来、自分がどこに年金を請求すればよいか、今ならわかる。それもこの勉強をしたおかげだ。

公的年金は抜本的な改革がなく、現制度を維持しつつ5年ごとの見直しをつづけている。

その限りでは、ますます複雑になっていく。また、企業年金として新しく始まった確定拠出年金も制度の内容が複雑だ。この複雑な年金制度を広く一般の方に正しく理解していただくために、社労士の役割は今後、ますます重要になるだろう。

泉沢和之（いずみさわ　かづゆき）プロフィール

1970年5月15日生。法政大学大学院人文科学研究所哲学専攻修士課程修了。社会保険労務士試験合格後、(株)早稲田セミナー・スタッフを経て、2002年8月社会保険労務士開業登録、泉沢社会保険労務士事務所設立。2004年度、厚生労働省委託・雇用保険重点指導員。2007年5月より、千葉県社会保険労務士会船橋支部副支部長（広報委員長)。

※泉沢社会保険労務士事務所の連絡先

住所：〒279-0004　千葉県浦安市猫実3-17-1

電話番号：047-381-0327

メールアドレス：kazubolan@ag.wakwak.com

誰でもわかるシリーズ

ズバリ！ 社労士 合格から開業まで

2007年6月30日　第1刷発行

著　者　泉沢和之

発行者　南　節子

発行所　㈱労働教育センター

〒101-0003

東京都千代田区一ツ橋2-6-2 日本教育会館

TEL.03-3288-3322　FAX.03-3288-5577

デザイン：㈱エムツーカンパニー

編集：古庄 弘枝

カバーデザイン：金子 眞枝

イラスト：小針 聡

誰でもわかるシリーズ

ズバリ！　社労士　合格から開業まで

泉沢　和之

四六判　本体価格1500円

高校生から退職者まで、だれにでもよくわかる入門ビジネス書。ポイントを押さえた読みやすい編集で、社労士の仕事とその魅力が丸ごとわかる。

ズバリ！　司法書士　合格から開業まで

初瀬　智彦

四六判　本体価格1500円

高校生から退職者まで、だれにでもよくわかる入門ビジネス書。ポイントを押さえた読みやすい編集で、司法書士の仕事とその魅力が丸ごとわかる。

ズバリ！　介護福祉士　合格から仕事探しのポイントまで

今村　朋子

四六判　本体価格1500円

高校生から退職者まで、だれにでもよくわかる入門ビジネス書。ポイントを押さえた読みやすい編集で、介護福祉士の仕事とその魅力が丸ごとわかる。